Angst macht dich manipulierbar!

Wie die Medienwelt auf dein Unterbewusstsein zugreift

Eine wissenschaftlich theoretische Betrachtung

von

Nicolette Hoffmann

AF192191

Danksagung

Ich möchte den Professoren der Hochschule der Medien in Stuttgart, Herrn Prof. Ferdinand und Prof. Dr. Weißhaupt besonderen Dank aussprechen, da sie beide erst zur Entstehung dieses Buches beitrugen, und mir trotz größerer Lebensumstellungen Mut machten diese Arbeit zu vollenden.

Besonderer Dank gilt meiner Familie, die stets Rücksicht genommen hat, insbesondere meinem Sohn Louis, der sich viele Stunden neben meinem Schreibtisch langweilen und selber beschäftigen musste und meinem Lebenspartner Marco, der mich in jeglicher Weise emotional und gedanklich unterstützt und begleitet hat.

Inhalt

Herstellung und Verlag:
Books on Demand GmbH, Norderstedt
ISBN 978-3-8423-3004-7

1 Einleitung

»PARADOX UNSERER ZEIT-

Wir haben hohe Gebäude, aber eine niedrige Toleranz,

breite Autobahnen, aber enge Ansichten. Wir verbrauchen mehr, aber haben weniger,

machen mehr Einkäufe, aber haben weniger Freude.

Wir haben große Häuser, aber kleine Familien, mehr Bequemlichkeit, aber weniger Zeit,

mehr Ausbildung, aber weniger Vernunft, mehr Experten aber auch mehr Probleme-

mehr Medizin, aber weniger Gesundheit.

Wir rauchen zu stark, trinken zu viel Alkohol, geben verantwortungslos viel Geld aus;

Wir lachen zu wenig, fahren zu schnell, regen uns zu schnell auf, gehen zu spät schlafen,

stehen zu müde auf; wir lesen zu wenig, sehen zu viel fern, beten zu selten.

Wir haben unseren Besitz vervielfacht, aber unsere Werte reduziert.

Wir sprechen zu viel, wir lieben zu selten und wir hassen zu oft.

Wir wissen wie man seinen Lebensunterhalt verdient, aber nicht wie man lebt.

Wir haben dem Leben Jahre hinzugefügt, aber nicht den Jahren Leben.

Wir kommen zum Mond, aber nicht mehr an di Tür des Nachbarn.

Wir haben den Weltraum erobert, aber nicht den Raum in uns.

Wir machen größere Dinge, aber nicht bessere.

Wir haben die Luft gereinigt aber unsere Seelen verschmutzt.

Wir können Atome spalten, aber nicht unsere Vorurteile.

Wir planen mehr, aber erreichen weniger.

Wir haben gelernt schnell zu sein, aber wir können nicht warten.

Wir machen neue Computer, die mehr Informationen speichern, aber verkehren weniger miteinander.

Es ist die Zeit des schnellen Essens und der schlechten Verdauung, der großen Männer und der klein-

karierten Seelen, der leichten Profite und der schwierigen Beziehungen. Es ist die Zeit der schönen

Häuser und des zerstörten Zuhause.

Es ist die Zeit der schnellen Reisen, der Wegwerfwindeln und der Wegwerfmoral, der Beziehungen für eine Nacht und des Übergewichts.

Es ist die Zeit der Pillen, die alles können: Sie erregen uns, beruhigen uns, sie töten uns.

Es ist die Zeit in der es wichtiger ist etwas im Schaufenster zu haben als wirklich im Laden,

wo moderne Technik, eine Nachricht in Windeseile in die ganze Welt tragen kann-

Findet Zeit Euch zu lieben,

findet Zeit miteinander zu sprechen,

findet Zeit, alles was ihr zu geben habt miteinander zu teilen-

Denn das Leben wird nicht gemessen an der Anzahl der Atemzüge,

sondern an der Anzahl der Augenblicke, die uns des Atems berauben. «

(George Carlin US-Schauspieler und Komiker,
verfasste diesen Text anlässlich des Todes seiner Frau)

Ich habe diesen Text als Einleitung gewählt, da er in höchst kreativer und emotionaler Form das Paradox unserer modernen Zeit und die damit verbundenen Probleme aufzählt, die in jeglicher Form auch durch die Medien repräsentiert werden können und in einer rasanten Geschwindigkeit auf dem ganzen Erdball verteilt werden. Je nachdem wie Medieninhalte aufbereitet und verbreitet werden, kann dies unterschiedliche psychische und physische Reaktionen bei einzelnen Personen oder bestimmten Gruppen auslösen, die meist affektiv sind, und sich in Emotionen wie Angst oder Aggression zeigen können und wiederum spezifische Verhaltensweisen nach sich ziehen können. In negativer Ausprägung wäre das im schlimmsten Falle ein Krieg, in positiver Variante Liebe und Frieden.

Das Gegenteil von Liebe ist nicht Hass, sondern Angst. Angst kann das Leben zur Hölle machen und die Welt zugrunde richten. Der Text endet mit der Quintessenz, dass das Einzige was im Leben wirklich bedeutend ist die Liebe und das wahre Leben ist. Nun könnte man sich fragen was das wahre Leben ausmacht- es sind genau diese beiden Worte, „wahr" und „Leben". Als Definition von „wahr" im Zusammenhang mit der vorliegenden Arbeit, bedeutet dieses Wort soviel wie bewusst, klar, ohne Manipulation und Machtspiel, ohne Verschleierung und Betrug, ohne Hinterlist und Irreführung. Wahr im Sinne von ehrlich, ursprünglich und echt, was in einer weiteren Überlegung automatisch die Attribute gesund, liebevoll und störungsfrei impliziert. Eigenschaften die sich jedes Individuum wünscht, um in der Welt und dem Leben einen Platz zu finden wo sowohl körperliches als auch geistiges Wachstum möglich ist. Womit der zweite Begriff „Leben" schon vordefiniert ist, als Ort zur persönlichen, uneingeschränkten und freien Entfaltung seiner Selbst, ein Ort zur Möglichkeit der seelischen Reifung durch Erfahrung und Entwicklung, eine potentielle und in der bewussten materiellen Erscheinung einmalige Chance die es gilt zu nutzen- auch wenn das Leben genug Stolpersteine bietet.

Diese nunmehr philosophische Einführung soll verdeutlichen, dass es hier nicht nur rein um wissenschaftlich bewiesene Fakten geht, die schon von unzähligen Personen erörtert, durchleuchtet, hinterfragt und untersucht wurden, sondern ebenso um neuartige Themengebiete, die zwar mit Hilfe von in der Literatur auffindbaren Erkenntnissen zum Teil zu beweisen sind, aber letzten Endes doch Fragen in der jeweiligen Interpretation und Auslegung beim Einzelnen hinterlassen- da es um psychologisch existentielle Themen geht, wie den Emotionen - ohne diese kein Mensch längere Zeit überleben kann. Dazu kommt das menschlichen Bewusstsein und die Ängste, im Zusammenhang mit unsere heutigen Welt in der wir leben; in der die Medien -sei es Handy, Fernsehen, Radio oder Zeitung- gar nicht mehr wegzudenken sind. Da jeder Mensch seine eigene Sichtweise dieser Welt hat, gibt es verständlicherweise unzählige individuelle Betrachtungsweisen wenn es um diese Themen geht. Als Kollektiv gesehen, münden diese Betrachtungsweisen wieder in ein Bewusstsein, das allwissend und allmächtig ist und wohl nie von einem, oder auch einer Gruppe von Individuen aufgeschlüsselt werden kann, da nur die Gesamtheit allen Seins diese Weisheit besitzen würde. Aus diesem Grund möchte ich auch keine dogmatischen, und schon gar keine manipulativen Denkweisen unterstreichen, belegt von z.T. hochintelligenten Persönlichkeiten die ihr Wissen und ihre Forschungsarbeit schon für die Nachwelt hinterlassen haben. Vielmehr ist es meine Absicht aus all den bereits gewonnenen Erkenntnissen zu diesen Themen, eher kritisch Bereiche aufzuzeigen, die man für sich selbst und seine Kinder mit klarem Verstand hinterfragen sollte. Ich möchte Sie zum Nachdenken anregen, ihnen verschiedene Ansätze über die Wirkungsweise von Medien auf das emotionale Verhalten von Menschen aufzeigen. Da die Angst ein Anker für mögliche Manipulation und Machtausübung von Seitens der Medien darstellen kann, gilt es herauszufinden, welche Techniken speziell über die Medien hierfür eingesetzt werden. Letztendlich geht es nicht darum Gefühle beherrschbar zu machen, da sie unweigerlich zum Leben und „In-der-Welt-Sein" gehören, und deren Verlust den Verlust spezifisch menschlicher Eigenschaften bedeuten würde. Ein besonderes Augenmerk liegt hierbei auf der Wirkungsweise des emotionalen Gehirns und der Bedeutung von Emotionen für den Menschen. Für die Medienwelt, insbesondere die Bildwissenschaft ist festzustellen, dass etwa bildlich repräsentierte und produzierte Emotionen zwar wichtige Entscheidungsgrundlagen determinieren, doch unter Umständen nach entsprechender Stimulans, übersteigerte emotionale Reaktionen erweckt werden, die in der Lebenswelt des Individuums keine eindeutige Entsprechung finden und somit zu schädlichen Entscheidungen und Handlungen für Individuum und Gesellschaft beitragen können.

Was sind grundlegende Systeme des emotionalen Medienerlebens? Und welche relevanten psychologischen Prozesse finden im Individuum hierbei statt? Die Verbindung zu den Medien, die wie eingangs erwähnt, auch manipulativ und machtvoll sein kann, wird im Folgenden immer deutlicher werden.

Angst als Eintrittspforte für Manipulation, die Quantenphysik als Wissenschaft für die Wirkung und Macht von Gedanken, und besonders die Themen Macht und Manipulation in der Medienwelt, möchte ich Ihnen anhand von Beispielen und wissenschaftlichen Erkenntnissen näher bringen.

2 Medien

2.1 Was sind Medien?

Mit „Medien" werden hier vorrangig die elektronisch technischen Massenmedien der auditiven und visuellen Wirklichkeitsverarbeitung bezeichnet, wie z.B. Radio, Fernsehen und Internet, auch als „Massenmedien" bezeichnet. Laut Maletzke sind Massenmedien Kommunikationsmittel, über die ein Absender öffentlich Inhalte an eine nicht festgelegte Menge von Empfängern weitergibt. Wesentlicher Aspekt von Massenmedien ist die Inanspruchnahme technischer Hilfsmittel, über die eine große, unpersönliche Verbreitung vereinfacht wird.

Medien sind auch Instrumente, die Informationen übermitteln, die über stilistische Mittel, wie Wiederholungen, Hervorhebungen oder dem Weglassen von Informationen manipulativen Charakter ausüben können, und damit ein hohes Maß an Verantwortung und Macht besitzen, die durch Medienschaffende oder einflussreiche Gruppen ausgeübt werden kann. Somit liegt es an den Rezipienten inwieweit durch Medien übermittelte Informationen geglaubt werden, bzw. inwieweit sich die Rezipienten emotional auf diese Informationen einlassen und ihr Leben, ihre Werte, Moral, Erziehung und Lebenseinstellung dadurch verändern und anpassen. Damit ist der Bereich des menschlichen Bewusstseins, der Neurologie und Psychologie beteiligt, Bereiche die bei Individuen unterschiedlich stark entwickelt und ausgeprägt sind, und je nach Konstitution zu unterschiedlichen Verhaltensweisen führen. Gleichzeitig wird die Frage aufgeworfen inwiefern Medien fähig sind in die Emotionswelt der Menschen einzugreifen und Gefühle wie Angst oder Aggressionen auslösen können. Besonders beim Thema Fernsehen gehen die Meinungen auseinander, wobei die Einen das Fernsehen als Entspannung und Ausgleich zum Arbeitsalltag sehen, und die Anderen als regelrechter „Familienzerstörer" der als Kommunikations- und Unterhaltungsersatz dient, als Babysitter oder Meinungsbildner. Zudem sieht diese Gruppe auch vermehrt negative Auswirkungen auf Kinder, die mit einem Verlust der Konzentrationsfähigkeit und der Realitätsbezogenheit, allgemeine Passivität, Privatisierung, Entfremdung von der Umwelt und von sich selbst einhergehen.

2.2 Bildschirmmedien - Fernsehen

Das Fernsehen genießt im Vergleich zu Radio, Computer, Internet oder Mobile Devices die höchste Wertschätzung als Unterhaltungs- und Informationsmedium. Zudem zählt es zu einem wichtigen Orientierungs- und Informationsmedien; neben Kinderprogrammen und Wissensmagazinen im Informationsbereich, steht es im Bereich Unterhaltung und Real-Life-TV an erster Stelle. Talk- und Beziehungsshows dienen dazu Persönlichkeits- und Lebenskonzepte zu studieren, und ihre Tauglichkeit für die eigene Wirklichkeit zu prüfen. Will man die Wirkungsbereiche des Mediums Fernsehen unterscheiden, so ergeben sich folgende Bereiche: Physische Auswirkungen, die sich z.B. in Sehstörungen oder Schlafstörungen manifestieren können. Emotionale und affektive Auswirkungen, wie das erleben von Angst und Schmerzen. Und zuletzt kognitive Auswirkungen, wie z.B. Wissenszuwachs, Normenvermittlung, Einstellungsbeeinflussung. Bemerkenswert ist hier, dass Ängstlichkeit mit starkem Medienkonsum in Zusammenhang gebracht werden kann. Laut Untersuchungen von Vitouch und Schweinzer, wird mediale Ablenkung bevorzugt, je höher die Belastung einer Person ist, sei es beruflich oder privat. Eine andere Interpretation geht dahin, erhöhten Medienkonsum als Flucht (Eskapismus) vor sozialen Problemen zu erklären. So gibt es einen Zusammenhang zwischen geringem Selbstwertgefühl und erhöhtem Fernsehkonsum, v.a. bei Seifenopern. Unangenehme soziale Situationen, sei es bei Erwachsenen, wie auch bei Kindern, wie etwa häufige Auseinandersetzung, rigides Erziehungsverhalten, Gefühls- und Kommunikationsarmut im sozialen Umfeld sind begleitet von erhöhtem Fernsehkonsum. Zusammenfassend lässt sich feststellen, dass die Lebenssituationen eines Menschen, sowie seine sozialen Erfahrungen mit verantwortlich sind für die Aufnahme von Medieninhalten. Besonders Vielseher[1] leiden unter Kontrollverlust und zeigen Symptome „gelernter Hilflosigkeit", auf die im späteren noch genauer eingegangen wird.

---

[1] Menschen die mehr als vier Stunden pro Tag Fernseh gucken

2.2.1 Wirkung medialer Gewalt

Massenmedien spielen eine immer größere Rolle in der modernen Gesellschaft. Die beträchtliche Zeit, die sich die Menschen mit den Medien beschäftigen, veranlasst zu der Annahme, dass dieser Konsum nicht ohne Wirkung bleibt. Sowohl Befürworter des Fernsehens als auch Kritiker sind sich weitgehend darüber einig, dass Medien Einfluss auf Gedanken, Gefühle und Verhalten der Rezipienten haben. Überwiegend wird dabei die Ansicht vertreten, dass starker Medienkonsum schädliche Wirkung hat. Besonders das Fernsehen, und in der aktuellen Debatte auch Computer und Internetspiele, sind in das Kreuzfeuer der Kritik geraten. Am 26. April 2002 tötete der neunzehnjährige Robert Steinhäuser am Erfurter Gutenberg Gymnasium 16 Menschen bevor er sich selbst erschoss. Ein ähnlicher Fall geschah am 11. März 2009 in Winnenden, in der Nähe von Stuttgart wo der 17-jährige Amokläufer Tim K. 15 Menschen gezielt in den Kopf schoss, bevor er sich ebenfalls selber umbrachte. Die Medien berichteten in beiden Fällen ausführlich über den Konsum von gewalthaltigen Computerspielen und Filmen, mit denen die Täter einen Großteil ihrer Freizeit verbracht haben sollen. Namen von so genannten EgoShootern wie z.B Counterstrike oder brutalen Filmen wie Natural Born Killers werden oft in medienwirksamen Diskussionen um Jugend und Gewalt genannt. Auch Musikgruppen, die aggressive Musik produzieren und provokante Liedtexte schreiben, wie Marylin Manson oder Rammstein werden vor allem im Zusammenhang mit Ammokläufen mit

Vorwürfen konfrontiert. Solche Vorfälle werden von Kritikern als Argument dazu benutzt, Fernsehsender oder Filmproduzenten verantwortlich zu machen und strengere Regelungen zu fordern. Dabei konnte die starke Wirkung der Medien laut kritischer Forschungsberichte von Cook, Kendzierski & Thomas 1984 und McGuire 1986 bisher noch nicht klar belegt werden. Jedoch wird die Annahme einer generellen Ungefährlichkeit von Mediengewalt heute von keinem Forscher mehr vertreten, und es herrscht auch eine weitgehende Übereinstimmung darüber, dass die Auswirkungen von Mediengewalt differenziert betrachtet werden müssen. Mediengewalt stellt also nur einen Teil innerhalb eines komplexen Bündels von Ursachen für die Entstehung gewalttätigen Verhaltens dar. Fakt ist: Nicht alle Medieninhalte wirken gleich, und nicht jeder Mediennutzer ist in gleicher Weise von potenziellen Gefahren der Mediengewalt betroffen. Letztlich bestätigen aktuelle Forschungsbefunde, dass manche Formen von Mediengewalt für manche Individuen unter manchen Bedingungen negative Folgen nach sich ziehen können. Das jedoch als Beweis für die Nichtwirksamkeit von Medien - meist mit dem Argument einer nicht eindeutigen Befundlage begründet - zu nehmen, ist schlichtweg Unsinn. Hier müssten weitreichendere Untersuchungen und Feldstudien unternommen werden, um eindeutige Wirkungszusammenhänge aufzuzeigen. Solange setzt sich noch der Großteil der Menschheit Tag für Tag der medialen Wirkungsbeeinflussung bereitwillig aus...

2.3 Die emotionale Wirkung von Medien

Emotionale Reaktionen im visuellen System des Menschen können durch eine Vielfalt von Medien ausgelöst werden. Alltagsnahe Reize zur Induktion emotionaler Prozesse sind z.B. in dem normierten Bilderset „International Affective Picture System" (IAPS) enthalten, das in der Arbeitsgruppe von Peter Lang an der University of Florida entwickelt wurde. Dem IAPS liegt die Annahme zugrunde, dass die Konfrontation mit visuellen Stimuli auf effektive Weise emotionale Reaktionen beim Betrachter hervorruft. Diese Annahme wurde belegt durch eine Reihe von Befunden, die sowohl subjektive als auch physiologische Daten einschließen. Fernsehen hat sich als das Medium erwiesen, das vor allem Emotionen vermittelt. Hertha Sturm hat gefordert, dem durch das Fernsehen hervorgerufenen emotionalen Stress mehr Beachtung zu schenken. Es seien insbesondere Kinder, so meinte sie, die von diesem Stress betroffen seien. Emotionale Stabilität wird durch die Gegenwart einer erwachsenen Bezugsperson vermittelt. Ein Kind braucht diese Sicherheit gegenüber belastenden Programmen die Gewalt, Angst und Aggressionen bewirken können. Man weiß inzwischen das Hyperaktivität im Kindergartenalter als Folge von Erregung auftritt, die von Action-Programmen wie auch der Werbung hervorgerufen werden.

2.3.1 Was ist eine Emotion?

Definition des *Oxford English Dictionary:*

„Eine Beunruhigung oder Störung der Seele, Gefühl, Leidenschaft; ein heftiger

oder erregter Gemütszustand". Emotionen sind im primären Sinn: Freude, Trauer, Furcht, Ärger, Überraschung oder Ekel. Dann gibt es aber auch noch die sekundären oder sozialen Emotionen wie Verlegenheit, Eifersucht, Schuld, Stolz und andere; dazu kommen jene Regungen wie Wohlbehagen, Ruhe oder Anspannung. Auslöser von Emotionen sind Triebe und Motivationen, oder Zustände von Lust und Unlust, die allerdings keine Emotionen im engeren Sinn darstellen. Sie regulieren das Leben und sind keine einfache Erscheinung, in jedem Fall aber komplexer als Trieb und Motivationen, als Schmerz und Lust. Zur Definition von Emotion gehören laut Izard 1994 drei Aspekte: (a) das Erleben oder das bewusste Empfinden des Gefühls, (b) die Prozesse, die sich im Gehirn und im Nervensystem abspielen und (c) das beobachtbare Ausdrucksgebaren, besonders das Gesicht (Mimik).

Isaac 1994 bringt zusätzlich das Bewusstsein mit dem Ausdruck von Emotionen in Verbindung; ein veränderter Bewusstseinszustand, der die gesamte Person beeinflusst und unabhängig von anderen Bewusstseinszuständen existiert und interagiert. Außerdem sind für Isaac Emotionen das primäre Motivationssystem des Menschen. Emotionen können unter Bedingung von zweierlei Art auftreten. Umstände der ersten Art liegen vor, wenn der Organismus bestimmte Objekte oder Situationen mit einem seiner Sinnesapparate verarbeitet – bspw. beim Anblick eines vertrauten Gesichtes oder Ortes. Umstände der zweiten Art liegen vor, wenn der Geist eines Organismus aus der Erinnerung bestimmte Objekte und Situationen abruft und sie als Vorstellungen im Denkprozess repräsentiert, wenn er sich bspw. an das Gesicht eines geliebten Menschen erinnert der aber gerade gestorben ist. Im Zusammenhang mit Bildschirmmedien kommen Umstände der zweiten Art zutage, da Medien keine Emotionen sind, sondern nur über die Erinnerungen im Menschen Emotionen auslösen können. Emotionale Prozesse sind der Kern menschlichen Erlebens und Verhaltens, eine Verbindung zu unserem wahren Gesicht, ein Ausdruck des Lebens. Zudem sind sie wichtige Impulsgeber für Kunst und Medien. Neu ist die Erkenntnis, dass Bildmedien und Emotionen eine Geschichte eng verknüpfter Wechselwirkung besitzen, die sich nunmehr interdisziplinär erzählen und analysieren lässt. Der Rolle des „Affektiven", oft im Dreiklang mit dem „Unterbewussten" und dem „freien Willen", gewann in den letzten Jahren immer mehr Aufmerksamkeit.

2.3.2   Affektive Medienwissenschaft

Seit Anfang der 90er Jahre kommt der Erforschung affektiver[2] Wirkungen von Bildern auf ihre Betrachter in den Medienwissenschaften zunehmende Bedeutung zu. Nicht zuletzt durch das Aufkommen neuer Medien wie IMAX, Virtual Reality und das Internet erfuhren diese Forschungen Stimulation. Terminologisch sind affektive Phänomene körperlich-seelische Reaktionen mit mehreren Komponenten: Kognition, z.B. Wahrnehmungen, Erinnerungen und Bewertungen von Objekten und Umweltereignissen; Körpervorgängen wie Atmung, Herz-Kreislauf, Motorik; bewusstem Erleben mit einer angenehmen oder unangenehmen Valenz; Handlungsmotivationen und einem bestimmten Ausdruck wie Mimik, Gestik, Sprache. Es handelt sich um eine Vielfalt bio-psycho-sozialer Phänomene, geprägt durch Biologie, Kultur und individuelle Erfahrungen (Hülshoff: Emotionen, 2001, S. 14; Krause: Allgemeine Psychoanalytische Krankheitslehre, 1998, S.28). Heute ist bekannt, dass Gefühle[3] helfen, aus einer Vielzahl von Informationen das Relevante auszuwählen. Diese Annahme wird derzeit vor allem in der Psychologie und in den Neurowissenschaften vertreten. Gefühle lassen sich aber nicht nur als Heuristiken interpretieren, sondern darüber hinaus auch als Wissensspeicher. So versteht der Neurowissenschaftler LeDoux Emotio-

---

[2] Starke, überwältigende Emotion (heftig, unkontrollierbar)
[3] Bewusstes Erleben von Emotion

nen als emotionales Gedächtnis, das die Welt vorstrukturiert und schnelle Reaktionen erlaubt. Emotionale Prozesse gehen in dieser Sichtweise auf evolutionäre Entwicklungen zurück und lassen sich als adaptive Komponenten der Entscheidungsfindung interpretieren. Dass Emotionen für die Entscheidungsfähigkeit notwendig sind, zeigt sich auch an Patienten, die der Neurowissenschaftler Damasio untersucht hat. Diese Patienten verfügten über durchschnittliche Intelligenz, waren jedoch in ihrer Emotionalität beeinträchtigt und daher, so der experimentelle Befund, nicht fähig Entscheidungen zu treffen. Hinsichtlich der Affektreaktionen der Zuschauer auf bestimmte Medieninhalte müssen verschiedenartige Argumente miteinbezogen werden. Von Seiten der Evolutionsbiologie und Biologie lässt sich auf angeborene bzw. evolutionär erworbene Reaktionstendenzen verweisen, wie z.B. Gefahren-, Partner- oder Kindchenschemata.

2.3.3 Physiologische Medienwirkung bei Kindern

Wie schon festgestellt hat stundenlanges Fernsehen oder Computerspielen, über Jahre zur Gewohnheit entwickelt, negative Auswirkungen auf die Persönlichkeitsentfaltung von Jugendlichen, sowie der allgemeinen kognitiven Entwicklung und Lernfähigkeit. Dies zeigen unzählige Untersuchungen aus psychologischer Medienforschung und neuerdings auch der Hirnforschung. Bei Heranwachsenden werden unter den Erfahrungen des realen Lebens Kommunikationsstrukturen zwischen den Synapsen (Nervenzellen) im Frontalhirn und dem Limbischen System angelegt, und sogar zum Teil wieder abgebaut, ein andauernder Hirnreifungsprozess, der erst nach Ende der Pubertät abgeschlossen ist. Netzverbindungen werden zunächst unter genetischem Einfluss im Voraus für viele mögliche Funktionen im Überschuss geknüpft. Die Optimierung besteht darin, scheinbar überflüssige Verknüpfungen durch ein frühes Erfahrungsangebot zu identifizieren und eliminieren. Verschiedene Hirnfunktionen sind in unterschiedlichen Zeitfenstern empfänglich für Schlüsselinformationen, und ein Ausbleiben von Informationen oder Fehlinformation führt zu dauerhaften Defiziten, die später oft erst in Belastungssituationen zum Tragen kommen. Solche Prozesse werden auch „Prägung" genannt. Frühe Erfahrungen führen also nicht nur zu entsprechendem Gedächtnis, sondern wirken strukturierend auf das Gehirn und beeinflussen seine späteren Leistungsmöglichkeiten. Durch diese Erkenntnisse wird deutlich, dass ein häufiger und durch bestimmte Inhalte emotional belastender Medienkonsum im Kindes- und Jugendalter in Abweichung von realen Lebenserfahrungen zu Effekten führen kann, die das spätere Leben eines Individuums in eine negative Richtung prägen könnte. Bei der Gedächtnisbildung gibt es folgende Zusammenhänge: Im Ablauf von täglichen Ereignissen werden Wahrnehmung und Bewusstseinsinhalte für einige Zeit im Kurzzeitgedächtnis vorrätig gehalten. Das Kurzzeitgedächtnis hat eine sehr begrenzte Kapazität, so dass neue Informationen die Alten verdrängen. Nur ein kleiner Teil der ständig durch das Kurzzeitgedächtnis ziehenden Inhalte findet einen Weg ins Langzeitgedächtnis. Die Prozesse der Langzeitverankerung dauern mehr als 24 Stunden, sind biochemischer Natur und unserem Bewusstsein nicht zugänglich. Besonders wichtig ist, dass die Auswahl der Informationen, die verankert werden, nicht bewusst entschieden wird, sondern mehr indirekten Einflüssen unterliegt, wie z.B starker emotioneller Beteiligung bei einer Erfahrung, oder die Herstellung eines Zusammenhangs mit bereits Bekanntem. Diese Prozesse sind nach Eichenbaum und Cohen, als neuronale Gehirnmechanismen bekannt. Es ist offensichtlich, dass Medienkonsum mit stark emotional wirksamen Inhalten eine bevorzugte Verankerung solcher Informationen bewirkt. Handlungsabhängiges Lernen (learning by doing), dürfte als weiterer Mechanismus des konditionierten Lernens diesen Effekt noch verstärken. Diese höchst effektive Lernform erfordert keine bewusste Verarbeitung, sondern wird durch Erfolg oder Misserfolg im Gedächtnis verankert. Wenn während der Zeit der Verankerung noch Wiederholungen stattfinden, wird der Prozess verstärkt.

2.4 Medienwirkungsforschung und Bewusstsein

Der Mensch nimmt seine Umwelt über die Sinnesorgane wahr. Die aufgenommenen Eindrücke werden im Gehirn abgespeichert und bilden somit das Bewusstsein. Die Verinnerlichung der Bilder im Gehirn, ist so etwas wie personalisiertes Spiegelbild der äußeren Welt. Die Psyche, bzw. das menschliche Bewusstsein, ist im Gegensatz zum objektiv stabilen Außenraum subjektiv und Veränderungen und Phantasien unterworfen. Bereits seit vielen Jahren versucht der Mensch seine Sinnesorgane durch technische Geräte zu verbessern, um die wahrgenommene Umgebung zu erweitern, was wiederum Einfluss auf unser Bewusstsein hat. Auch das Fernsehen kann als eine Erweiterung der Sinne gesehen werden, und zwar unserer Augen und Ohren. Während beim Lesen die Bewusstseinsbildung intern, im mentalen Raum von Statten geht, wird die Bewusstseinsbildung, die Verbildlichung oder auch die Informationsverarbeitung beim Fernsehen außerhalb des Körpers auf dem Bildschirm vorgenommen. Ein Teil des eigentlich inneren mentalen Raumes verlagert sich so außerhalb des Körpers in einen neuen virtuellen Raum. Das Fernsehen übernimmt das Denken. Es wirkt somit eher auf den Körper nicht auf den Geist. Diese Technologien sind nicht nur Sender und Empfänger unseres Bewusstseins, sie beeinflussen dieses auch. Mit dieser sog. virtuellen Realität projizieren wir unser Bewusstsein außerhalb unseres Körpers und können dieses so objektiv betrachten. Die Bilder im Fernsehen entstehen nicht durch eigene Gedanken oder Vorstellungen, sondern durch eine geplante und professionelle Produktion. Das Fernsehen hat die Menschen nach und nach zu einer allgemeinen, öffentlichen Denkweise geführt. Beim lesen wurde die Informationsverarbeitung und Verbildlichung von unserem Gehirn übernommen und der Mensch hatte selber die Kontrolle. Nun übernimmt die Informationsverarbeitung und die Verbildlichung das Fernsehen. Es vermittelt eine Art mentale Realität außerhalb des Körpers und Geistes. Somit hat das Fernsehen auch die Kontrolle über uns gewonnen. Das Fernsehen manipuliert unsere Vorstellungen und Emotionen. Die Informationsverarbeitung und die Verbildlichung ist somit bei allen Zuschauern die gleiche. Die Rezipienten werden praktisch gleichgeschaltet. Man teilt eine kollektive Vorstellung und kollektive Gedanken. Die Inhalte werden in mundgerechten Häppchen serviert, sodass der Rezipient nicht weiter darüber nachdenken muss. Durch diese Massenkultur wird unsere Selbstreflexion und – Interpretation eingeschränkt. Das Zwei-dimensionale Fernsehen gibt dem Menschen den Betrachtungswinkel und die Betrachtungsnähe vor. Es gibt keine Möglichkeit den Betrachtungswinkel zu ändern. Reporter sind in der ganzen Welt verstreut und suchen aus, was für die Allgemeinheit wichtig ist und was nicht, wie Ereignisse zu verstehen sind, und was die Menschen davon halten sollen.

Zusammenfassend lässt sich sagen, dass was wir über unser Sein wissen, gründet auf unserer Erfahrung mit dem Tatsächlichen, mit Physiologie und Physik, unserem Körper und dem materiellem Raum um uns herum. Interessant ist die Frage wie sich wohl unser Bewusstsein verändern wird wenn Erfahrungen zunehmend auf einer virtuellen, künstlich geschaffenen Realität gründen. Besonders in der Spielewelt im Internet sind heute schon weitreichende Folgen zu beobachten. Der Mensch schafft sich im Virtuellen Raum eine neue Identität und lebt diese dort aus. Oft werden dann Bedürfnisse und Pflichten der realen Welt nicht mehr wahrgenommen.

2.4.1   Hypnotische Trancewirkung beim Film

Die Augen befinden sich beim Fernsehschauen in Ruhestellung, was weitestgehend die Ausschaltung von Wille und Denken nach sich zieht, und ein intensives und unverbindliches Fühlen hervorruft. Genau diesen Zustand hat ein Mensch wenn er sich in hypnotischer Trance[4] befindet. Dabei kann man davon ausgehen, dass die von dem Mediziner Milton Erickson erwähnten hypnotischen Suggestion beim Film immer eintritt, da das, was der Betrachter in Trance erlebt, von der in Bildern erzählten Geschichte beeinflusst wird. Der Erfinder des autogenen Trainings, J.H. Schulz, schreibt in einem Buch „Hypnose-Technik" als praktische Anleitung für Ärzte: „Trotz der Unkenntnis der Versuchsperson setzen sich die in der Hypnose aktuellen Vorstellungen im Wachzustand durch, ja vielfach mit dem Gefühle des subjektiven Zwanges (=posthypnotische Suggestion)." Man könnte einwenden, ein Film enthalte keine Suggestionen, die nach dem Filmbetrachten wirksam werden. Das ist jedoch Irrtum. Jede Handlung enthält als bewegende Momente Wertvorstellungen und Wünsche. Jede Handlung zeigt Menschen, die einen bestimmten Lebensstil pflegen und in bestimmter Weise miteinander umgehen. Werden diese Dinge nun so gezeigt, dass sie dem Betrachter vorbildlich und

---

[4] Fokussierung der Aufmerksamkeit oder Konzentration der Sinne auf einen Punkt oder Situation, bei besonderer Wachheit und Konzentration im Bezug auf einen begrenzten Teilbereich der Aufmerksamkeit. Aus diesem Grunde wirkt es für Außenstehende so, als sei die Aufmerksamkeit reduziert.

erstrebenswert erscheinen, und identifiziert er sich mit den handelnden Personen, dann wirken die von ihnen vorgelebten Werte posthypnotisch auf den Betrachter ein. Filme können somit tief in die Moral der Menschen eingreifen. Bei Werbefilmen, bei politischen Sendungen und bei Nachrichtensendungen wirken dieselben Mechanismen (M.H. Erickson, Ernest L. Rossi, Sheila L. Rossi).

Wenn man bedenkt, dass viele Menschen das Fernsehen nicht allein als Unterhaltungsmedium sehen, sondern gezielt dazu benutzen, um unbewältigten Problemen im Job, der unsicheren wirtschaftlichen Lage oder zwischenmenschlichen Beziehungen zu entfliehen, indem die Gefühle verdrängt werden und künstliche unverbindliche Gefühle von Filmen ersetzt. Man wird die eigene Angst am schnellsten los, wenn man sie durch eine künstliche überdeckt, die noch schlimmer ist, einen aber nichts angeht, und zudem noch als Genuss gesehen werden kann (Horrorfilme/Krimis). Der Trugschluss allerdings ist, der Film macht die Menschen nicht nur unwillig Probleme anzugehen, er macht sie auch unfähig, da sie ihrer Kräfte beraubt werden die zu einer Lebensumstellung nötig wären.

2.5   Medienwirkungsforschung und Gene

Die Gene erscheinen als unbeeinflussbares Erbgut des Menschen, als gleichsam Gestalt gewordenes Schicksal, das in der DNS ruht und von dort aus über alle Dinge entscheidet, die den Menschen ausmachen, die letztlich sein Handeln und, über die Gestaltung des Gehirns, auch sein Denken bestimmen. Vor allem aber, so glauben die meisten, entscheiden viele der 35000 Gene, die im Menschen identifiziert wurden, unbeeinflussbar über Gesundheit und Krankheit. Die meisten Gene allerdings sind keineswegs unbeeinflussbare Größen, sondern werden durch vielfältige Signale aus dem Körper, aber auch von außerhalb, also durch bewusste wie unbewusste Wahrnehmungen gesteuert. Die meisten Gene verhalten sich wie Programme, die solange ruhen, bis sie aufgerufen werden, gestoppt, oder durch andere ersetzt werden. Natürlich gibt es grundlegende Gene für Aussehen und Gestalt des Körpers, wie z.B. die Augenfarbe, die nicht beeinflussbar sind, jedoch liegt keinesfalls einer nennenswert großen Zahl von Erkrankungen eine genetische Ursache zu Grunde, die sie von Geburt an festlegt. Interessant festzustellen ist, dass Mendel, der im 19. Jahrhundert die Vererbungslehre entwickelte, seine Theorie nur begründen konnte, weil er sein Augenmerk genau auf jene relativ geringe Zahl von Genen legte, die von Anfang an und immer aktiv sind, wie etwa diejenigen die über die Farbe Grün bei einigen Pflanzen entscheidet. Der überwiegende Teil der Gene allerdings die mal aktiv, mal inaktiv sind, werden durch äußere Einflüsse die auf Körper, Seele und

Geist wirken, wie bspw. die Medienrezeption, die Nahrung, Familie und Partner, Beruf und Lebenseinstellungen beeinflusst. Innere Bilder, die meist unbewusst im Geiste gebildet werden, und mit entsprechenden Gefühlen verknüpft werden, sind Wahrnehmungen, die als irritierend und bedrohlich, oder angenehm und nützlich vom Gehirn eingeschätzt werden und verschiedene Gene in den verzweigten Hirnrealen aktivieren, die wiederum Botenstoffe aussenden, die auf zahlreiche Körperfunktionen wie Hormonausschüttung, Immunsystem, Herz / Kreislauf usw. einwirken. Es sind also zunächst äußere Faktoren die am Anfang vieler akuter und chronischer Krankheiten stehen, aber erst dadurch, dass sie zu inneren Bildern werden, entfalten sie ihre Wirkung. Hier wird die Macht des Geistes deutlich, die fähig ist körperliche Veränderungen hervorzurufen. Bruce Lipton ist ein Pionier in der Genforschung und untersuchte bereits 1982 die Prinzipien der Quantenphysik und wie sie sich in sein Verständnis von Informationsverarbeitung in der Zelle integrieren ließen. Seine Untersuchungen an der Stanford University an Zellmembranen (= das Gehirn der Zelle) ergaben, dass die Umgebung, die durch die Membran hindurchwirkt, Zellverhalten und -physiologie steuert, indem sie Gene an- und abschaltet. Liptons Entdeckungen, wonach die Gene das Leben steuern, kündigten die neue Wissenschaft der Epigenetik[5] an. Zwei bedeutende wissenschaftliche Publikationen dieser Studien[6]

---

[5] Spezialgebiet der Biologie, das sich mit Zelleigenschaften befasst.

definieren die molekularen Wege, die Geist und Körper verbinden. Die traditionelle Zellbiologie konzentriert sich auf stoffliche Moleküle die den Körper regulieren. Lipton konzentriert sich hingegen auf die chemischen und elektromagnetischen Wege, über die die Energie in Form unserer Überzeugungen unseren Körper und damit unser Genom beeinflussen kann. Er beleuchtet die Mechanismen, über die der Geist Körperfunktionen lenkt, und impliziert, dass sich unser Körper verändern kann, wenn wir anders denken und beweist damit, dass Überzeugungen, die sich im Individuum durch die Gesellschaft, Erziehung, Medien oder andere Einflüsse tief verwurzelt haben, nicht nur im Kopf existieren, sondern mit den grenzenlosen Möglichkeiten eines Quantenuniversums interagieren und durch Exprimierung[7] unsere Körperzellen beeinflussen. Eine praktische Konsequenz: Zwei Menschen können eine identische Gensequenz für eine bestimmte Krankheit in ihren Zellen kodiert haben. Die Überzeugungen des einen liefern die Signale, dass sich die Proteinhülle löst und das Gen aktiviert wird – die Ansichten der anderen Person nicht (Epigenetics, Spezialausgabe der Zeitschrift Science, August 2001).

Übertragen auf die Massenkommunikation ist die Antwort der Soziobiologie: Wir lieben Klatsch und Tratsch, bestimmte Figuren, Negativmel-

---

[6] "Histamine-modulated transdifferentiation of dermal microvascular endothelial cells", in: Experimental Cell Research, Lipton u.a., 1992, 199, S.279.
„Microvessel endothelial cell transdifferentiation: phenotypic characterization", in: Differentiation, Lipton u.a. 1991, 46, S.117.

[7] Ausprägung der genetischen Information, Biosynthese von RNA und Proteinen

dungen und ungewöhnliche Ereignisse weil wir dort Gefahr wittern. Auf den ersten Blick ist es absurd, Mediennutzung biologisch erklären zu wollen, auf den zweiten Blick ist es faszinierend: Wenn man dem Faktor Persönlichkeit auf die Spur zu kommen versucht, findet man diese neben Erwartungen, Stimmungen, kognitiven Schemata und der genetischen Grundausstattung. Da man heutzutage weiß, dass Gedanken und Überzeugungen die Gene verändern können, sollte doch jeder im eigenen Interesse darauf achten welchen unweigerlichen Beeinflussungen er sich täglich aussetzt, die eventuell unbewusst die eigene Gesundheit gefährden können.

2.5.1 Der Geist beherrscht die Materie

Die Fähigkeit zu denken ist eine der genialsten aber auch gefährlichsten Entwicklungen des Menschen, da Menschen sich meist mit ihren Gedanken identifizieren und dazu neigen gewohnheitsmäßig zu denken. Gedanken sind Erinnerungen, die zueinander in Beziehung gesetzt werden. Die Sprache ermöglicht, das bestimmte Worte besondere Bedeutungen haben, die mit Gefühlen behaftet sind, wie etwa glücklich, einsam, enttäuscht, verliebt, voller Lebensfreude usw.

Zu den Fakten, die unsere Art zu denken gestalten, gehören alle bisherigen Erfahrungen, die Erziehung, bestimmte Programmierungen und der aktive Wortschatz. Wie vorangehend aufgezeigt, können Gedanken, Gefühle, Worte und Umweltfaktoren biochemische Reaktionen in den 100.000 verschiedenen Proteinen der Zelle, aber auch die Gene verändern. Gene und Bewusstsein stehen im Wechselspiel miteinander. Um zu verstehen, wie der Körper die Gedanken liest, so muss eine theoretische Aufgliederung des Menschen in einen organischen Körper und in ein quantenphysikalisches Energiefeld feinster Schwingung vorgenommen werden. Ist die Schwingung harmonisch, so ist der Mensch stabil gesund, hat den richtigen Partner, die richtige Tätigkeit, lebt in der finanziellen Freiheit und kann die Freizeit genießen. Kommen durch Konflikte am Arbeitsplatz, Streit in der Partnerschaft, negative Gedanken wie Existenzangst, Umweltgifte o.ä., überlagern sich die Wellen, d.h. das Energiefeld wird disharmonisch und die Schwingung geht durch Energiemangel nach unten (Burn out Syndrom). Die DNS zieht sich zusammen, die Zelle wird dunkel und entartet. Sie will Tochterzellen bilden, die die Funktion aufrechterhält und der Körper reagiert mit einem Symptom darauf. Die Umgebung der Zelle steuert quantenphysikalisch über die Informationsveränderungen das Verhalten und die Physiologie. Daraus resultiert auch die Behauptung, die in den letzten Jahren von immer mehr Wissenschaftlern, Ärzten, Physikern und Buchautoren geäußert wird: Der Geist beherrscht die Materie und die Zelle reagiert auf Gefühle. Wenn sich Zellverbände zusammenschließen, dann erhöht sich die Wahrnehmung. Die Zelle arbeitet wie ein Schalter der in einem Zustand auf Wachstum ausgerichtet ist, im anderen auf Schutz. Durch Stress ausgeschüttetes Kortisol macht das Gehirn mürbe, erhöht den Blutdruck und den Blutzucker, verhärtet die Arterien und führt zu Herzerkrankungen. Wenn man nun auf die Aussagen von Murphy oder Haanel zurückgreift, die schon vor Jahrzehnten verkündet haben, dass jeder Gedanke, jedes Wort und jedes Gefühl das körpereigene Energiefeld verändert, muss zum Verständnis die Wirkungskette dieser Mechanismen erläutert werden. Zu allererst entsteht ein Konflikt, der eine Ursache darstellt. Diese Ursache gibt dem Energiesystem des Menschen eine Information, die wiederum ein Bild verknüpft mit einem Gefühl erzeugt, welches eine bestimmte Schwingung hat, die das Energiefeld verändert. Die einhergehende Veränderung kann als Symptom festgestellt werden: Eine Veränderung der Zellentwicklung. Wie im Kapitel über die Wirkungsweise von Emotionen ausführlich beschrieben wird, kann das limbische System nicht zwischen objektiver und subjektiver Bedrohung unterscheiden, genauso wenig fällt der Körper ein moralisches Urteil über unsere Gefühle, er reagiert nur entsprechend darauf. Die Gedanken, die in der linken Gehirnhälfte (Sprache) gedacht werden, gehen als Informationen in die rechte Gehirnhälfte, der Bereich der für Gefühle und räumliches Vorstellen zuständig ist. In der rechten Gehirnhälfte werden die Inhalte in Bildern abgespeichert, die wiederum im Unterbewusstsein und der Zellmembran abgespeichert werden. Diese Körperbereiche sind zeitunabhängig, weshalb z.B. eine Demütigung in der Kindheit sich im Erwachsenenalter in entsprechender Verhaltensweise auswirken kann. In der Emotionssoziologie findet sich die Einschätzung, unsere Gesellschaft sei durch einen tiefgreifenden Wandel der Emotionskultur gekennzeichnet: Die Affektkontrolle habe an Bedeutung verloren, das Ausleben und Ausstellen von emotionalen Befindlichkeiten werde allgemein akzeptiert und die Schamgrenzen seien gesunken. Diesem Aspekt kann eine Verflachung von Emotionen hinzugefügt werden, wie die schnell wechselnden TV-Sendungen des sog. Reality TV dem Zuschauer demonstrieren.

3 Emotionen - Angst ein besonderes Gefühl

„Keine Emotion beraubt den Geist so vollständig von seinen Möglichkeiten zu handeln und zu denken wie die Angst." (Edmund Burke)

3.1 Angst und Furcht

Das Wort „Angst" ist verwandt mit dem lateinischen „angustus" und bedeutet „eng", „beengend", „die freie Bewegung hindernd". Angst ist im Duden definiert als „ein mit Beengung, Erregung, Verzweiflung verknüpftes Lebensgefühl, dessen besonderes Kennzeichen die Aufhebung der willensmässigen und verstandesmässigen „Steuerung" der Persönlichkeit ist. Man sieht in der Angst auch einen aus dem Gefahrenschutzinstinkt erwachsenden Affekt, der teils in schleichend-quälender Form eine elementare Erschütterung bewirkt".

Die beiden Begriffe Angst und Furcht werden im täglichen Sprachgebrauch oft synonym benutzt. Beides sind Bezeichnungen für eine emotionale Erregung im Zusammenhang mit der Wahrnehmung von Gefahr. Furcht bezieht sich auf was Konkretes, zum Beispiel eine bevorstehende Operation, oder Furcht vor Hunden, nachdem jemand gebissen wurde. Angst dagegen ist diffus und ungerichtet. Sie kann Beispielweise auftreten, wenn man sich allein in einer unbekannten dunklen Gegend befindet oder bei einem Kind, das sich verlaufen hat. Lazarus bezeichnet Angst als eine mehrdeutige Gefahrensituation, in der eine angemessene Handlung nicht möglich scheint. Furcht ist auf eine eindeutige Gefahrenquelle gerichtet und löst Fluchtverhalten aus. Sigmund Freud beschrieb die Angst weitestgehend im Sinne der fundamentalen Emotion der Furcht. Furcht ist also die dominierende Komponente von Angst, in Interaktion mit anderen Emotionen wie Kummer, Zorn, Scham, Schuldgefühl und Interesse. Angst in ihrer komplexen Erscheinung löst eine sehr deutliche einschränkende Wirkung auf Wahrnehmung, Denken und Handeln des Individuums aus. Individuen mit sehr großer Furcht sind funktionell blind, ihre Verhaltensalternativen sind stark reduziert. Furcht löst das Empfinden von Unsicherheit, Bedrohung für Körper und Psyche, Besorgnis und Unbehagen aus. Intensive Furcht ist der gefährlichste aller Emotionszustände, und wird ausgelöst durch einen scharfen Anstieg in der Dichte neuraler Impulse.

Angst / Furcht kann grundsätzlich förderliche, so genannte mahnende Faktoren und Schutzmechanismen beinhalten, aber auch lähmend wirken und somit kontraproduktive Reaktionen verursachen. Nach Prof. Hanns Möhler, Forscher auf dem Gebiet der Neurobiologie des Gehirns, ist Angst eine intensive, emotionale Erfahrung, die eine existenzielle Rolle bei der Organisation von überlebenswichtigen Reaktionen spielt. Die Schwelle für Furcht wird durch biologisch und individuelle Unterschiede, rein persönliche Erfahrungen und den soziokulturellen Kontext der Situation beeinflusst. Wenn eine Person Angst empfindet ist physiologisch ein starker Anstieg des Adrenalin- und Steroidspiegels bei gleichzeitiger Abnahme von Noradrenalin festzustellen. Wehmer zeigte 1966, dass durch Filme ausgelöste Angst zu einem Anstieg der Herzfrequenz und selbst beobachteten negativen Emotionen führte.

Angst, Gefahrensituation und der damit einhergehende seelische Stress führen im Gehirn zur Aktivierung einer „Familie" von Stressgenen. Die Produkte dieser Stressgene haben körperliche Reaktionen zur Folge. Die Auswirkungen erstrecken sich, wie in wissenschaftlichen Untersuchungen belegt wurde, unter anderem auf das Herz- und Kreislaufsystem sowie auf das Immunsystem und verschlechtern bei zahlreichen bereits bestehenden körperlichen Erkrankungen den Verlauf. Darüber hinaus haben die Produkte aktivierter Stressgene in nachhaltiger Weise Rückwirkungen auf das Organ, welches die Stressgen-Kette aktiviert: das Gehirn. Hier zeigen zahlreiche Studien, dass Stress- und Belastungserlebnisse, zu denen auch mediale belastende Eindrücke zählen, eine nachhaltige schädigende Wirkung auf Nervenzell-Strukturen ausüben können.

3.1.1 Angst aus individueller Sicht

Bei den individuellen und persönlichkeitsbezogenen Ängsten greife ich in erster Linie auf die Erkenntnisse des Psychoanalytikers Fritz Riemann zurück, der Angst in vier Bereiche aufschlüsselte: Die Angst vor Selbsthingabe (Ich-Verlust und Abhängigkeit), die Angst vor Selbstwerdung (Ungeborgenheit und Isolierung), die Angst vor Wandlung (Vergänglichkeit und Unsicherheit), sowie die Angst der Notwendigkeit (Endgültigkeit und Unfreiheit).

Jedes Alter im Leben eines Menschen, hat seine entsprechenden Reifungsschritte mit den dazugehörenden Ängsten, die gemeistert werden müssen, wenn der Schritt gelingen soll. Ängste gehören gleichsam organisch zu unserem Leben, weil sie mit körperlichen, seelischen und sozialen Entwicklungsschritten zusammenlaufen. Individuen bilden verschiedenartige Ängste aus, die ihren Ursprung meist in der Kindheit haben.

So gibt es die *schizoide Persönlichkeit*, die ein übersteigertes Empfinden hinsichtlich der Selbstbewahrung und Ich- Abgrenzung hat. Kennzeichnend für diesen Personenkreis ist eine übersteigerte Näheangst. Sie möchten auf niemand angewiesen und niemanden verpflichtet sein, da sie sich dauernd bedroht fühlt. Schizoide Personen reagieren beim Überschreiten ihres Schutzkreises- ihrer imaginären Grenze - durch andere mit Panik, die in wilden Angriff umschlägt. Der Angst folgt die Aggression, in Form von eisiger Kälte, Unberechenbarkeit und feindseliger Ablehnung. Der schizoide Mensch verliert zunehmendes Interesse an der Welt und den Menschen.

Die *depressive Persönlichkeit* hat Angst eigenständig zu werden, sie fühlt sich bei Trennung und Verlust stark bedroht, was einer unabhängigen Lebensweise im Weg steht. Diese Personen sind übermäßig bescheiden, angepasst, geben sich gern selber auf und sind hörig. Aggression bei Depressiven äußert sich in Jammern und Klagen und führt oft zu Selbsthass und zur bewussten und unbewussten Selbstbestrafung und Selbstzerstörung.

Die *zwanghafte Persönlichkeit* hat eine übergroße Angst vor Vergänglichkeit. Dadurch kommt es zum starren Festhalten, das nicht selten zu Dogmatismus, Konservatismus, Vorurteilen und zu verschiedenen Formen von Fanatismus führt. Das hartnäckige Bändigen wollen der Gewalten des Lebens ist hier typisch. Die Aggressionen der Zwanghaften dienen der Macht gegenüber Anderen, die sich in Hinterhältigkeit, diktatorischen und dogmatischen Ausprägungen zeigt.

Die *hysterische Persönlichkeit* hat Angst vor der Freiheitsbeschränkung was sich in verschobenen Ängsten wie z.B. Platzangst oder Tierphobien zeigt. Diese Menschen sind narzistisch geprägt und brauchen immerwährende Bestätigung aus ihrem Umfeld. Aggressionen leben Hysteriker in der Intrige aus. Das zentrale Problem ist, dass sie keine Selbstidentität haben.

3.1.2 Angst aus soziologischer Sicht

Für den Verhaltensforscher Sören Kierkegaard ist Angst der Ausdruck für beim Individuum auftretende Gefühle, die seine normale Befindlichkeit stören oder völlig aufheben, begleitet von einer gewissen Zukunftsangst.

Da Angst das Verhalten der Menschen beeinflusst, hat ihre Behandlung einen gewichtigen Platz in der Soziologie, die sich besonders mit den Verhaltensweisen des Menschen befasst. Obwohl es angeborene Furchtreaktionen gibt, darf man den größten Teil des Angstverhaltens als abhängig von bestimmten sozialen und kulturellen Entwicklungsbedingungen, in Form von den Erziehungsmethoden der jeweiligen gesellschaftlichen Gruppen ansehen. Wie die Geschichte gezeigt hat, und zum Großteil auch heute noch zeigt, hielten viele Herrscher sich für die Stellvertreter eines „zürnenden Gottes", um die Menschen kontrollieren und beherrschen zu können. Diese Anschauung wird vor allem in christlichen Kulturen vertreten, wo Untertanen Furcht vor ihren Herren haben mussten. Die Ideologie dahinter dient der Vorstellung durch Erzeugung von Angst und Furcht die Untertanen zu disziplinieren und somit die gesellschaftliche Ruhe, Sicherheit und Ordnung zu erhalten. Angst und Furcht diente seit der Antike zum erzwingen von Gehorsam und wird immer wieder benutzt Mitarbeiter und Untertanen zu willigen Befehlsempfängern zu machen. Montesquieu behauptet, dass die Menschen in der Demokratie politisch aktiv werden, ohne dass sie von Angst oder

Furcht zu ihrem Handeln angespornt werden. Diese Behauptung ist allerdings ein Irrtum, da Menschen, die aus Tugend handeln, bei denen also im Sinn von Montesquieu die Treue zum Staat dominiert, nicht frei von Angst und Sorge um das künftige Wohlergehen des eigenen Landes sind. Ferner erwacht die Furcht, sich nicht im konkurrierenden Wirtschaftskreislauf behaupten zu können. Diese Angst kann nicht nur ein Ansporn zu wirtschaftlicher Aktivität werden, sie wirkt sich auch auf Sitte und Moral aus. Der soziale Druck, sich den ethischen Gesetzen der Kirche und den Regeln der maßgebenden Gesellschaft anzupassen, zielt auf die Anerkennung der Mitmenschen. Diese Anerkennung wird erworben, wenn der einzelne Mensch für sich oder für den Staat eine ungewöhnliche Machtposition erwirbt, die den anderen Mitbürgern nicht negativ auffällt. Die Angst vor der Strafe Gottes oder des Herrschers veranlasst die Menschen gesetzeskonform zu leben oder ganz auf den eigenen Willen zu verzichten. Bei Gehorsam brauchen sie keine Strafe zu fürchten. Die Angst im Beruf zu versagen oder von anderen Menschen geächtet zu werden, zwingt die Betroffenen, noch intensiver zu arbeiten und noch mehr auf die soziale Stellung zu achten; die Angst wird somit umgangen. Der Mensch scheint also mit einer gewissen Angst zu leben und seine Handlungen scheinen von Angst beeinflusst. Angst ist ebenso angeboren wie sozial vermittelt, um als Druckmittel Gehorsam und Normkonformität in der Gesellschaft zu erreichen. Die sozialisierte Angst variiert in ihrer Ausprägung innerhalb und zwischen den Gesellschaften. Menschen, Gesellschaften und Kulturen sehen sich selbst und ihre Umwelt in unterschiedlicher Weise und jede Sicht der Wirklichkeit wird durch eine bestimmte Art der Angst mitbegründet. Die Angst eines Menschen eröffnet so einen Zugang zur sozialen Wirklichkeit, in der dieser Mensch lebt und sich bewegt.

Zusammenfassend ist zu sagen, dass Angst als Warn- und Alarmsignal hilft, ähnlich wie Schmerz, auf Bedrohungen aufmerksam zu machen. Nur wenn man eine Gefahr erkennt, kann man sie auch bewältigen. Darum ist die Angst lebensnotwendig und zunächst einmal etwas Positives.

Ob gerade wir im Zeitalter der Angst leben, wie immer wieder behauptet wird, ist mehr als fraglich. Es gibt aber einige Entwicklungen, die diesen Eindruck entstehen lassen. "Nur schlechte Nachrichten sind gute Nachrichten", heißt es unter Journalisten. Die meisten Menschen sind weitaus interessierter an dramatischen Meldungen bis hin zu Katastrophen, als an positiven Nachrichten. Wenn man aber Tag für Tag so viel angstmachende Informationen aufnehmen muss, dann bleibt das für den eigenen Gemütszustand nicht ohne Folgen. Man beginnt, diese Welt als beängstigend zu empfinden. Angst kann auch als Erkennungszeichen, gleichsam als Ausweis einer besonderen Empfindsamkeit und menschlichen Qualität missbraucht werden.

3.2 Zur Geschichte der Emotionsforschung

William James, amerikanischer Psychologe und Philosoph formulierte unter dem Namen „James-Lange Theorie der Emotion" die Annahme, dass körperliche Veränderungen unmittelbar der Wahrnehmung einer erregenden Tatsache folgen und dass unser Fühlen dieser Veränderungen, sobald sie auftauchen, die Emotion ist. Walter Cannon erforschte hingegen 1929, dass die inneren Organe nicht in der Lage sind, die komplexen Informationen hervorzubringen, die die feinen Unterschiede in der Gefühlserfahrung ausmachen könnten, die die James-Lange-Theorie von ihnen verlangt, da sie zu unspezifisch in ihrer Reaktion auf verschiedene Stimuli und auch zu langsam seien, um unserem schnellen Wechsel der Emotionserfahrung Rechnung zu tragen. Zudem führte das operative Trennen der inneren Organe vom Zentralen Nervensystem ebenfalls nicht zu einer Änderung im emotionalen Erleben. Cannon postulierte die Beteiligung des Zentralen Nervensystems und erhellte spezifische neurale Schaltkreise experimentell; womit er die Theorie von James-Lange widerlegte. 1962 veröffentlichten Schachter und Singer ein Experiment, das offensichtlich allen Anlass dazu gab, keine Spezifität autonomer körperlicher Prozesse für Emotionen anzunehmen. Die Autoren beschrieben die Ergebnisse einiger experimenteller Manipulationen: Teilnehmer, die nach einer Epinephrin-Injektion über die zu erwartenden körperlichen Symptome der Erregung nicht informiert waren und sich in einem Raum mit ärgerlichen Personen befanden, fühlten ebenfalls Ärger und Wut. Eine weitere Anzahl Uninformierter, die mit fröhlichen, gutgelaunten Menschen im Raum warten musste, fühlten sich eher glücklich und euphorisch. Die dritte Gruppe, die über den Effekt der Epinephrin-Injektion aufgeklärt worden war, berichtete von keinerlei besonderen Veränderungen im emotionalen Status. Daraus lässt sich schließen, das Kognition mit unspezifischer Erregung zusammen eine spezifische Emotion formt. Die Spezifität kommt von der Kognition und nicht von der physiologischen Veränderung. Speziell bleibt noch zu erwähnen, dass bei allen nachfolgenden Forschungen kein autonomes, körperliches Korrelat gefunden wurde, dass systematisch und replizierbar zwischen positiven und negativen Emotionen unterscheidet, obwohl die Bedeutung dieser Dimension extrem hervorsticht und in jedem wichtigen Konzept über die Struktur von Emotionen vorkommt. Trotz der Fülle der Perspektiven kristallisiert sich die Meinung heraus, dass es zwei grundlegende Schaltkreise gibt: Einmal für Annäherung/ Mögen und andererseits Rückzug/Ablehnung oder Nicht-Mögen. Diese zwei Systeme bilden die Basis bestimmter Formen positiver und negativer Motivation, Emotion und Affekten. Präzise Beschreibungen unterscheiden sich innerhalb der Forschung, doch in ihren Grundzügen ähneln alle Annäherungen dem folgenden Konzept von Davidson und Irwin. Das Annäherungssystem ermöglicht begehrendes Verhalten und generiert eine bestimmte Art positiven Affekts, der mit Annäherung verbunden ist: Die Art Emotion, die aufscheint, wenn ein Organismus sich einem gewünschten Ziel nähert. Das Rückzugssystem organisiert den Rückzug, wenn aversive Stimuli auftauchen, sowie eine angemessene Reaktion auf Gefahren: Dieses System generiert auch Ablehnungsemotionen wie Ekel und Angst.

3.2.1 Erkenntnisse der Neurologie

Darwin fand Anfang des 20. Jahrhunderts heraus, dass die tiefliegenden Strukturen des Gehirns mit denen der Menschenaffen, und die am tiefsten liegenden mit denen von Reptilien identisch sind. Wir leben also mit einem Gehirn in unserem Gehirn, das dem der in der Evolutionsreihe unter uns stehenden Tieren entspricht.

Freud hingegen betonte die Existenz eines Teilbereiches des psychischen Lebens, den er als „das Unbewusste" bezeichnete und folgendermaßen definierte: Das, was sich nicht nur der bewussten, sondern darüber hinaus auch der Vernunft entzieht.

Ende des 20. Jahrhunderts lieferte Antonio Damasio, ein großer Arzt und Forscher, eine neurologische Erklärung der beständigen Spannung zwischen dem primitiven und dem rationalen Gehirn, der Leidenschaft und der Vernunft, und zeigte darüber hinaus, inwiefern Gefühle für die Vernunft schlicht unentbehrlich sind. Damasio unterscheidet zwischen dem kognitiven, dem bewusst, rationalen und der Außenwelt zugewandten Gehirn; und dem emotionalen, unbewussten, aufs überleben bedachte und in engem Kontakt mit dem Körper stehende Gehirn. Diese beiden Gehirne sind relativ unabhängig voneinander und beeinflussen jedes auf sehr unterschiedliche Weise unsere Lebenserfahrung sowie unser Verhalten.

3.2.2 Neurowissenschaftliche Emotionsforschung

Zum Verständnis von Emotionen wurde in der neurowissenschaftlich orientierten Emotionsforschung immer mehr Gewichtung auf das limbische oder emotionale Gehirn gelegt. Der Amerikaner Joseph Le Doux machte 1990 eine überraschende Entdeckung: Ein Teil der Stimuli, welche bei uns Emotionen hervorrufen, liegt nicht auf der Ebene des Kortex, sondern in einem kleinen, mandelförmigen Organ, der Amygdala, das in den Windungen unseres Gehirns liegt. Die s.g. limbischen Bereiche Amygdala und Hippocampus, auch als „primitives Riechhirn bekannt, sind bei allen Säugetieren gleich und bestehen aus Nervengewebe, das sich von dem für Sprache und Denken verantwortlichen Hirnrinde unterscheidet. Das limbische System ist wie schon im letzten Unterkapitel beschrieben für Gefühle und Überlebensreaktionen zuständig, die Amygdala hingegen für alle Angstreaktionen.

Das emotionale Gehirn, das auch als „Gehirn im Gehirn" bezeichnet wird, verfügt über eine andere Zellanordnung und Biochemie als andere Bereiche des Gehirns. Somit ist verständlich, dass durch die Unabhängigkeit vom Neokortex, dem kognitiven Gehirn - der Bereich in dem die Sprache und das Denken angesiedelt sind – es nicht möglich ist einem intensiven Gefühl wie Liebe, Angst, Schmerz, Wut oder Trauer zu befehlen stärker zu werden oder zu verschwinden, genauso wenig wie man seinem Verstand befehlen kann, zu sprechen oder still zu sein. Das emotionale Gehirn ist für das psychische Wohlbefinden und die Selbstheilungskräfte zuständig, für die Körperphysiologie wie Herz und Blutdruck, Hormone, Verdauungs- und Immunsystem. Eine Funktionsstörung in diesem Bereich resultiert aus schmerzlichen Erfahrungen in der Vergangenheit, die sich dem emotionalen Gehirn unauslöschlich eingeprägt haben und das Empfinden und Verhalten des Menschen kontrolliert. Die Arbeit von Psychotherapeuten ist es, das emotionale Gehirn auf die Gegenwart umzuprogrammieren, das am wirksamsten über den Körper funktioniert (Akupunktur, EMDR, emotionale Kommunikation, soziale Integration, Ernährung etc.), da es für Sprache und die Vernunft kaum empfänglich ist.

Die beiden Gehirne, das emotionale und das kognitive, nehmen Informationen aus der Außenwelt nahezu gleichzeitig auf, und können daraufhin entweder gut interagieren, was Wohlbefinden und innere Harmonie auslöst; oder im anderen Fall, wenn Gedanken, Gefühle und Verhalten nicht übereinstimmen und miteinander konkurrieren, was den Menschen dann unglücklich macht und zu emotionalen Kurzschlusshandlungen führt. Diese äußern sich in dem s.g. posttraumatischen Stresssyndrom, das vor allem nach schweren Traumatas diagnostiziert wird, oder Angstanfällen bzw. Panikattacken. Zustände in denen das limbische System von einem Moment auf den anderen die Kontrolle über sämtliche Körperfunktionen übernimmt, indem alle kognitiven Funktionen durch eine erhöhte Adrenalinausschüttung ausgeschaltet werden.

Die Organisation des emotionalen Gehirns ist weit einfacher als die des Neokortex, da die Nervenzellen im limbischen Gehirn miteinander verschmolzen sind, was zwar einerseits eine weitaus primitivere Informationsverarbeitung zulässt, dafür aber eine umso schnellere. So kann z.B. im Halbschatten ein Stock mit einer Schlange verwechselt werden und eine Angstreaktion auslösen, bevor das übrige Gehirn die Analyse abgeschlossen hat und zu dem Schluss kommt das es sich um etwas Harmloses handelt. Aus diesem Blickwinkel betrachtet sind Emotionen nichts anderes als das bewusste Erleben eines großen Zusammenspiels physiologischer Reaktionen, die die Aktivität der biologischen Systeme des Körpers überwachen und ständig den Notwendigkeiten der inneren und äußeren Umgebung anpassen. Das ist auch der Grund, warum die emotionalen Lektionen, wie z.B. Liebesentzug aufgrund von Wut und Ärger, die Erwachsene Kindern gegenüber demonstrieren, so mächtig in ihrer Wirkung sind und paradoxerweise aus dem Standpunkt des Erwachsenen so schwer zu verstehen sind. Sie werden von den Kindern kommentarlos im Mandelkern abgespeichert, da hier erste emotionale Erinnerungen festgelegt werden, bevor das Kleinkind Worte für seine Erlebnisse hat. Werden die Erinnerungen erneut wachgerufen, und reagiert die Amygdala, so finden sich keine passenden artikulierenden Gedanken für diese Reaktion. Emotionale Ausbrüche unbestimmter Art im Erwachsenenalter, lässt sich also auf die Verwirrung sehr früher Lebensabschnitte zurückführen, in welchen die Worte gefehlt hatten, um extreme Ereignisse zu begreifen. Ängste und Depressionen sind häufig Notsignale, die das emotionale Gehirn aussendet, wenn es eine Bedrohung unseres sozialen Gleichgewichts festgestellt hat. Nichts ist für das menschliche Befinden schwerer zu verdauen als ein Konflikt mit den Menschen in der unmittelbaren Umgebung, da das emotionale Gehirn unweigerlich und zum Großteil für den Menschen unbewusst auf affektive Beziehungen reagiert. Werbeleute und Filmregisseure wissen meist sehr gut wie sie diesen Bereich ansprechen könne, bspw. soll eine Kaffeesorte verkauft werden und es wird suggeriert, dass das Aroma Freunde, Paare, oder Mutter und Tochter zusammenbringt. Das funktioniert so gut, dass deprimierte Menschen oft mit Tränen in den Augen die Werbeblöcke im Fernsehen anschauen. In der Regel verstehen sie nicht, warum sie das so bewegt. Die Erklärung ist einfach: Sie haben die Zuneigung zwischen zwei Menschen miterlebt, und gerade dieses Gefühl der Nähe und Verbundenheit fehlt ihnen am meisten. Diese emotionalen Spuren im limbischen System, die sich durch Trauma und Ängste dort eingeprägt haben, und nicht über den Neokortex erlernt wurden wie LeDoux erforschte, können glücklicher Weise auch zum Teil wieder umprogrammiert werden. Pawlow fand in einem Experiment heraus, dass Ratten denen beim ertönen einer Glocke ein elektrischer Schlag versetzt wurde, noch Monate später bei diesem Glockenton vor Angst erstarrten. Doch nachdem die Glocke des Öfteren ohne den nachfolgenden Schmerz des Stromschlages ertönte, hatten die Ratten gelernt keine Angst mehr vor dem Klingeln zu verspüren. Es hat eine Angstauslöschung stattgefunden, eine der ältesten Erkenntnisse in der Literatur der Verhaltenstherapie über bedingte Reflexe. Die Spur im emotionalen Gehirn, d.h. die Narbe die durch das Angstgefühl hinterlassen wurde, bleibt trotzdem unauslöschlich vorhanden. Die Ratten verhalten sich nur so lange furchtlos, wie der präfrontale Kortex die automatische Reaktion des emotionalen Gehirns aktiv blockiert. Auf den Menschen übertragen heißt das, das sobald die Wachsamkeit unseres kognitiven Gehirns und seine Kontrollfähigkeit auch nur vorübergehend nachlassen, wie z.B. durch Alkohohl, Drogen, Müdigkeit, Medikamente und auch Betäubung durch die Medien, verlieren Menschen die Kontrolle über das limbische System, und somit über die Angst. Um dieses Ungleichgewicht zu bereinigen müssen Methoden gefunden werden die auf die Selbstheilungskräfte des emotionalen Gehirns bauen und Homöostase[8] zwischen Kognition, Emotionen und Lebensvertrauen wiederherstellen helfen, wie z.B. die Regulation des Herzrhythmus (vgl. McCraty, R., Ed: Science of the heart: Exploring the role of the heart in human performance, Boulder Creek, Institute of Heart Math, 2001). Damasio hat in verschiedenen Werken äußerst brilliant dargelegt, dass der Mensch im Wissen seiner existenziellen Absurdität nur überleben kann. wenn er Zugang zu seinen sich in körperlichen Vorgängen ausdrückenden Emotionen hat. Die Emotionen leitenden Neuronen erhalten ihre Impulse durch die Wellen der Empfindungen, die aus den Quellen des Lebens strömen - nämlich aus affektiven Beziehungen zu Lebewesen die uns etwas bedeuten, und das Gefühl, einen Platz in der Gemeinschaft zu haben.

---

[8] Gleichklang, Harmonie

3.2.3 Spiegelneuronen

Spiegelneuronen sind ein neuronales Netzwerk, welches die Beobachtung und Ausführung zielgerichteter motorischer Aktionen miteinander koppelt.

Kann die Aktivierung von Spiegelneuronen/-mechanismen als Indikator kognitiv emotionaler Prozesse des Zuschauers bei der Medienrezeption herangezogen werden?

Bspw. greift eine Person nach einem Glas Wasser, feuern die Neuronen des Beobachters allein durch das Zuschauen in gleicher Weise wie bei der Person die nach dem Glas Wasser greift. D.h. bestimmte Gruppen von Nervenzellen geraten in Schwingung, alleine dadurch, dass ein Mensch eine vergleichbare Handlung, oder Gefühle bei anderen Menschen beobachtet. Durch Erfahrungswerte im Laufe eines Lebens, wissen die meisten Menschen, welche Handlung zu welchen Ergebnissen führt, und welche Gefühle das auslösen kann. Dabei sind keineswegs nur eindeutige Beobachtungen nötig, vielmehr genügen bereits Andeutungen oder winzige Veränderungen, die von unbewussten Bereichen unseres Geistes betrachtet, beurteilt und gleichsam zu Ende gedacht werden, um dann im Gehirn die entsprechenden Signale auszulösen, die zu einer Veränderung des persönlichen Gefühls führt. Gefühle aber, das zeigt wie bereits erörtert die Psychoneuroimmunologie, haben eine unmittelbare Auswirkung auf die Gesundheit, indem sie am entstehen oder an der Heilung von Erkrankungen mitbeteiligt sind. Filmische Szenen versetzen die Spiegelneuronen in Schwingung, die Empfindungen von Schauspielern auf der Leinwand werden damit unweigerlich gespiegelt, je nachdem wie stark sich eine Person einfühlen kann. Deshalb funktionieren Filme auch so gut als Auslöser sehr tief gehender Gefühle. Der amerikanische Neurowissenschaftler Ramachandran sieht in den Spiegelneuronen die Menschwerdung, die es erst ermöglichte Empathie zu entwickeln. Menschen können sich in andere einfühlen, Mitgefühl entwickeln. Laut Ramachandran sind sie „Zellen zum Gedankenlesen". Die äußere Wirklichkeit erzeugt stets ein Bild im inneren, wodurch sie erst wahrgenommen werden kann. Resonanz erzeugen auch moderne PC-Spiele, deren virtuelle Welten von der Realität praktisch nicht mehr zu unterscheiden sind. Was keine Resonanz erzeugt, sind Roboter und technische Geräte, also Dinge die weder Mensch, Tier, oder Pflanze sind. Der grund dafür ist das optische Aufbereitungs- und Interpretationssystem, das Körperbewegungen, Gesichtsausdruck, Mundbewegungen und vor allem Blicke auswertet. Es lässt sich ableiten, dass die Beobachtung von Handlungen anderer Personen im Beobachter nicht nur ein inneres Mitreaktions-bzw. Simulationsprogramm zum Schwingen bringt, sondern auch Handlungsbereitschaften in ihm bahnt. Dies hat weitreichende Konsequenzen, insbesondere im Hinblick auf Kinder und Jugendliche. Einerseits spielt der Aufbau eigener Handlungsschemata durch Beobachtung und Imitation eine entscheidende positive Rolle für die Entwicklung des Kindes. Andererseits ist nicht auszuschließen, dass hochproblematische Inputs, wie sie von einer immer rücksichtsloseren und profitgierigeren Medienindustrie angeboten werden, zur Übernahme in das eigene Verhalten führen. Ein Kind ohne konsistente und stabile Beziehungen, dies ist mittlerweile in Studien belegt, kann sich selbst nicht konsistent und stabil entwickeln. Reizüberflutungen und hohe Reizfrequenz können sich aus einem fortwährenden Wechsel von Bezugspersonen ergeben, noch mehr aber dadurch, dass über einen längeren Zeitraum überhaupt keine Bezugspersonen vorhanden sind und das Kind stattdessen vor einem Bildschirm sitzt. Die Mehrheit der Kinder hat inzwischen einen eigenen Fernseher mit Video- oder DVD – Gerät, und meist auch ein PC mit Internetanschluss im Zimmer. Studien von z.B. Jeffrey Johnson und Kollegen belegen, dass das Ausmaß an täglichem Bildschirmkonsum in direkter und proportionaler Beziehung zu jugendlichem Gewaltverhalten steht. Aus neurobiologischer Sicht ist der Zusammenhang klar: Das Gehirn ist ein permanent lernendes System. Alles Gesehene wird in Nervenzellnetze eingeschrieben, die die Programme für eigene Handlungsmöglichkeiten kodieren. D.h. natürlich nicht gleich, dass alles Gesehene selber ausgeführt wird, dazu sind noch weitere Faktoren erforderlich. Jedoch wird das Modell der gesehenen Handlung abgespeichert und erzeugt wenn es in einem nützlichen Zusammenhang erscheint als Handlungsbereitschaft wieder.

Nicht nur bei Kindern, sondern auch in der Gesellschaft lassen sich vor allem bei Massenpsychologischen Phänomenen die Auswirkungen von Spiegelsystemen erkennen. Schon vor über hundert Jahren schrieb der französische Arzt und Wissenschaftler Gustave LeBon: „Unter den Massen übertragen sich Ideen, Gefühle, Erregungen, Glaubenslehren mit ebenso starker Ansteckungskraft wie Mikroben." Der Wunsch das Gut, Schlecht, erfreulich oder bedrohlich zu finden, hat seinen Grund im Urbedürfnis nach Spiegelung und Resonanz und dem Verbleib innerhalb der schützenden sozialen Identität. Ansichten oder Stimmungen, von denen einige meinen, alle müssten diese jetzt teilen, verbreiten sich wie ein Lauffeuer. Ein aktuelles Beispiel wäre die medienwirksame Panikmache bzgl. einer sich ausweitenden weltweiten Pandemie bei der Schweingrippe. Dies zeigt, dass die Auslösung von Resonanzreaktionen in sozialen Gruppen höchst anfällig für Manipulationen wirtschaftlicher und politischer Art ist. Sehr offensichtlich steckt hinter den riskanten Impfaufforderungen gegen ein nicht eindeutig nachgewiesenes H1N1 Virus (Schweinegrippe), sowie der Kaufempfehlung des Grippemittels „Tamiflu", einzig die wirtschaftlichen Interessen der Pharmaindustrien und ihren Shareholdern. Hilfreich hier ist es die eigene Identität zu wahren, was bei Kindern vorrangig über Bezugspersonen und adäquate Vorbilder funktioniert.

3.3 Emotionale Intelligenz

Gefühle sind die Grundlage emotionaler Intelligenz. Ohne Gefühle hat das Leben keinen Sinn, bzw. existiert es erst gar nicht. Gefühle bieten eine überlebenswichtige Orientierungsfunktion im Leben, um Entscheidungen treffen zu können, und machen es dem Menschen erst möglich sein persönliches Lebensglück zu finden, einen Sinn zu erkennen, Motivation zu entwickeln, durch Streben nach Liebe, Schönheit, Gerechtigkeit, Wahrheit, Würde, Ehre, Befriedigung etc. Der wesentliche Inhalt von Gefühlen ist die Abbildung eines bestimmten Körperzustands. Das Substrat der Gefühle sind neuronale Muster, die einen bestimmten Körperzustand darstellen und aus denen ein mentales Bild des Körperzustands gebildet wird. Ein Gefühl ist im Wesentlichen eine Vorstellung des Körpers, seines Inneren, unter bestimmten Umständen. Das Gefühl einer Emotion ist die Vorstellung des Körpers, der unter dem Einfluss des Emotionsprozesses steht, d.h. die Wahrnehmung der Gedanken, die diesen spezifischen Körperzustand begleiten und mit der empfundenen Emotion übereinstimmen. Gefühle weisen dem Menschen die Richtung im Leben. Auf der anderen Seite ist es ebenso wichtig, um das komplizierte Gleichgewicht unserer Beziehungen zu anderen nicht in Gefahr zu bringen, mittels rationaler Analyse unsere Gefühle den jeweiligen Umständen anzupassen, um nicht zwischen Vergnügen und Frustration hin und her gerissen zu werden. Dieses Gleichgewicht nennt man „Emotionale Intelligenz", ein Gemeinbegriff, der von Neurologen wie Joseph

Ledoux oder Antonio Damasio geschaffen und von Daniel Goleman popularisiert wurde. Sie fanden heraus, dass der Mensch zweierlei Geiste hat: Einen rationalen und einen emotionalen. Wenn man definieren will was „Intelligenz" bedeutet, so findet man in der Literatur zusammenfassend die Aussage: Intelligenz ist eine Fähigkeit, den Anforderungen, welche die Welt an uns stellt, gerecht zu werden. Der französische Psychologe Alfred Binet erfand Anfang der 20er Jahre den „Intelligenzquotienten" (Abstrakte Intelligenz = IQ), was soviel bedeutet wie die Intelligenz der Gesamtheit aller geistigen Funktionen, die messbar ist und für logisches Denken, hohe analytische Fähigkeiten und eine schnelle Auffassungsgabe verantwortlich ist. Demzufolge müsste eine Person mit einem hohen IQ auch entsprechend erfolgreich sein. Entsprechende Untersuchungen fanden jedoch heraus, dass nur 20 Prozent des Erfolges im Leben eines Menschen dem IQ zuzuschreiben sind, die restlichen 80 Prozent beruhen also auf anderen Faktoren als der abstrakten und logischen Intelligenz. Schon Jung und Piaget hatten die Ansicht vertreten, dass es verschiedene Arten von Intelligenz gibt. Die emotionale oder auch soziale Intelligenz kann offenbar besser als jede andere den Erfolg im Leben erklären, und ist zudem weitgehend unabhängig vom IQ. Neben der abstrakten und emotionalen Intelligenz gibt es auch noch die praktische Intelligenz, die auch Alltagsintelligenz genannt wird. Sie bezeichnet die Fähigkeit Dinge des Alltags zu verstehen und zu benutzen. Diese Intelligenz wird durch Praxis erlernt, benötigt keinen IQ und ist quasi jedem Menschen gegeben. Der EQ wird anhand von vier Faktoren gemessen: Der Fähigkeit seinen eigenen Gefühlszustand und den anderer zu erkennen; die Fähigkeit, den natürlichen Ablauf von Gefühlen zu verstehen; die Fähigkeit über seine eigenen Gefühle und die anderer vernünftig nachzudenken und zu urteilen; sowie die Fähigkeit, mit seinen eigenen Gefühlen und denen anderer richtig umzugehen. Diese Fähigkeiten und der bewusste Umgang mit Gefühlen, Emotionen, Stimmungen und Affekten bilden die Grundlage von hoher emotionaler Intelligenz und damit einhergehendem geschäftlichen Erfolg.

Laut Goleman gibt es hingegen sechs Bereiche in denen emotionale Intelligenz eine Rolle spielt, die wiederum in die zwei Hauptbereiche Selbstmanagement und Beziehungsfähigkeit unterteilt werden können. Die einzelnen Bereiche sind wie folgt: *Selbstbewusstheit* (Gefühle erkennen und sich über eigene Stärken und Schwächen bewusst sein), *Selbststeuerung* (Sinnvoll mit eigenen Gefühlen durch einen inneren Monolog umgehen zu können), *Motivation* (Leistungsbereitschaft und Begeisterungsfähigkeit aus sich selbst heraus entwickeln zu können unabhängig von z.B. finanziellen Anreizen), *Kommunikationsfähigkeit* (Sich verständlich und klar ausdrücken können und anderen aufmerksam zuhören können), *Empathie* (Einfühlungsvermögen für das Denken und Handeln anderer Menschen, den Mitmenschen mit Respekt, Achtung und Verständnis entgegentreten); *Soziale Kompetenz* (Der Umgang mit Anderen, Beziehungen knüpfen und aufrecht erhalten, Teamfähigkeit, Konfliktmanagement, Führungsqualitäten).

Der Sitz dieser Gefühle liegt wie schon zuvor erwähnt im Präfrontalen Kortex, der auch als Neokortex bezeichnet wird, der Ort im Gehirn, wo Gefühle durch unser bewusstes Denken kontrolliert werden, sowie die Entscheidung zu Pessimismus oder Optimismus getroffen wird. Positive Emotionen erzeugen eine hohe Aktivität im linken Präfrontalen Kortex, während Ängstlichkeit und Aufgeregtheit eine hohe Aktivität im Mandelkern und dem rechten Präfrontalen Kortex auslösen. So kann es also Menschen geben, die sehr viel Wissen und hohe geistige Fähigkeiten haben (einen hohen IQ), aber absolut nicht mit anderen Menschen umgehen können, sei es dass sie zuviel von sich selber reden ohne das sie es merken, oder für die eigenen Gefühle und die Anderer absolut taub sind. Vor diesem Hintergrund ist es nicht überraschend, das solche Menschen nie wirklich erfolgreich werden können, da ihnen keine echte Wertschätzung ihres Umfeldes entgegengebracht wird und damit eine Interaktion und Entwicklung mit sich und der Umwelt ausgeschlossen ist. Besonders gut veranschaulicht das Verhalten von Kleinkindern, wie schwierig es sein kann, verschiedene Gefühlszustände zu unterscheiden, da sie meist nicht wissen warum sie weinen, müde sind oder Hunger haben. Erwachsene mit einem unterentwickelten EQ fühlen sich in solch einer Situation überfordert, da sie das Gefühl nicht rational identifizieren können und somit auch nicht fähig sind angemessen zu reagieren. Die emotionale Intelligenz wird von Goleman später auch als „Intuition" definiert, womit unmittelbares Begreifen oder instinktives Erfassen eines Sachzusammenhanges gemeint ist, das meist auf unbewusster Ebene geschieht. Eine

Virtuosin der emotionalen Intelligenz war die Kinderärztin und Psycho-
analytikerin Francoise Dolto, die sich darauf verstand, mit einer einzigen
Geste oder einem einzigen Wort ein Kind zu beruhigen, das seit Tagen
weinte. Zusammenfassend ist zu sagen, laut Golemans These ist der richtige Umgang mit der emotionalen Intelligenz ein besseres Unterpfand für
Erfolg im Leben als der IQ.

3.4 Ganzheitliche Struktur des Menschen

3.4.1 Menschliche Filtersysteme

Menschen reagieren je nach Charakter, Erziehung und Prägung unterschiedlich auf Lebenssituationen. Alle Berechnungen die Menschen bewusst und unbewusst durchführen sind auf das Grundprogramm Überleben zurück zu führen. Der Mensch ist durch seine fünf Sinne, sehen, hören, fühlen, schmecken, riechen mit einem fortlaufenden Informationsstrom der umgebenden Welt konfrontiert. Diese Informationen werden vom Nervensystem verarbeitet, damit der Mensch sich zurechtfinden und auf die Welt einwirken kann. Dies geschieht auch in erster Linie um das Überleben zu sichern. Um von der Masse der einströmenden Sinnesreize nicht überfordert zu werden, durchlaufen diese Informationen verschiedene Filtersysteme, das heißt viele Dinge werden einfach ausgeblendet. Der neurologische Filter und weitere Filtersysteme wie der sozial-kulturelle Filter und der individuelle Filter, tilgen den größten Teil der Informationen aus der objektiven Welt, weshalb jedes Individuum ein subjektives Weltbild besitzt.

Zur Unterscheidung der einzelnen Filter werden nun Einzelbetrachtungen vorgenommen. Beim Neurologischen Filter können Menschen, bedingt durch das Nervensystem nur ein bestimmtes Spektrum vorhandener Phänomene bewusst wahrnehmen, wie z.B. Schallwellen im Bereich zwischen 20 und 20000 Schwingungen in der Sekunde, oder das sichtbare Licht zwischen 380 und 680 Nanometer. Die Sprache hat sich entwickelt, um ein optimales Überleben auf der Erde zu gewährleisten. Sie ermöglicht, bestimmten Erfahrungen und Dingen einen Namen zu geben und auch von Erkenntnissen und Erfahrungen anderer Menschen zu profitieren. Der Nachteil der Sprache ist, dass sie je nach sozialer Umgebung und Kultur bestimmten Wahrnehmungsbeschränkungen oder Erweiterungen unterlegen ist, so das wir automatisch Opfer aller Beschränkungen werden, die uns die Sprache auferlegt (= sozio-kultureller Filter). Zum Beispiel gibt es eine Indianersprache (Maidu) in Kalifornien, wo es nur drei Farbbezeichnungen gibt. Dies macht deutlich, dass Sprache einer der wichtigsten Bausteine unseres Lebens darstellt.

Dann gibt es noch die individuellen Filter, die auf persönlichen Erfahrungen die im Laufe des Lebens gesammelt werden beruhen und als das eigene Modell der Welt, die subjektive Realität bezeichnet werden kann. Jeder Mensch nimmt entsprechend seiner persönlichen Geschichte die Welt anders wahr. Dies kann zu Freude, Wachstum und Erfüllung führen, aber auch zu Kummer, Hilflosigkeit und Leid. In diesem Prozess wiederum spielen drei verschiedene Mechanismen eine wichtige Rolle: Tilgung, Generalisierung und Verzerrung. Mit diesen Prozessen erschaffen und erhalten wir unser Modell von der Welt, mit all seinen Glaubensmustern und Werten, und erleben entsprechend unser Modell der Realität.

3.4.2 Feinstoffliche Energien und Nonverbale Kommunikation

Physiker - unter ihnen viele Nobelpreisträger - haben längst eindeutig bewiesen, dass unsere materielle Welt ein großes Meer aus Energie ist, das sich andauernd in winzigen Sekunden-Bruchteilen erneuert.

Als Nerven- und Energiezentrum des Körpers werden vor allem in der indischen Kultur die s.g. „Chakren" aufgeführt. Es gibt sieben Hauptchakren und einige Nebenchakren. Das Wort „Chakra" bedeutet soviel wie Energiewirbel, eine Öffnung zur feinstofflichen Energieebene des Menschen, durch die beständig Energie von der Umwelt aufgenommen oder an sie abgegeben wird. Diese Energie wird als „Lebensenergie, „Prana", oder „Chi" bezeichnet. Hände und Finger stehen in direkter Verbindung mit diesen Zentren und können von ihnen unmittelbar beeinflusst werden. Die Chakren sind keine eindeutig wissenschaftlich belegbaren Zentren, sondern sie sind ein Teil der hinter östlichen Traditionen stehenden Philosophie, wie bspw. der Yogalehre. Jedes Chakra beeinflusst bestimmte Körperorgane, Fähigkeiten und Emotionen. Die Bedeutung der Chakren teilt sich auf in Ihren Einfluss auf bestimmte Organe sowie auf geistige oder emotionale Eigenschaften oder Fähigkeiten. Jeder Mensch besitzt sein eigenes Energiesystem. Wenn die Lebensenergie „Chi" oder „Prana", das durch den Körper fließt, in einigen Chakren blockiert ist, wird das emotionale, mentale wie auch das körperliches Befinden stark beeinträchtigt. Die Chakren kann man sich als Energiewirbel vorstellen, die Energien von außen, d.h. von der Umgebung oder der Natur aufnehmen und dem menschlichen Energiesystem zuführen. Das kann vom Menschen dann unter anderem als Gedanken, Gefühle oder physische Empfindungen wahrgenommen werden. Jedes Chakra versorgt einen bestimmten Bereich des Körpers mit Energie und wird auch unterschiedlichen Qualitäten des menschlichen Lebens zugeordnet. Somit steht das 1. Chakra für Überleben, Instinkte; das 2. Chakra für Gefühle, Sexualität und Kreativität; das 3. Chakra für Wille, Macht, Abgrenzung; das 4. Chakra für Liebe und Beziehungen, das 5. Chakra für Kommunikation und Selbstausdruck, das 6. Chakra für den individuellen Lebensweg und größere Zusammenhänge und das 7. Chakra fast alle unteren Chakren zusammen. Die Energiemuster der Chakren spiegeln exakt den körperlichen, emotionalen, geistigen und spirituellen Seinszustand eines Menschen wider. Auf diesem Weg erschafft das Unterbewusstsein eine physische sichtbare Kopie seiner selbst als Menschen, Orte und Erfahrungen, die sein Selbstgefühl widerspiegeln. In jedem Augenblick wird ein magnetisches Bild der eigenen Gedanken und Gefühle erschaffen, das die eigene Wirklichkeit kreiert, indem es Erfahrungen magnetisch anzieht. Beispielsweise ziehen Menschen, die denken dass sie arm sein werden, das entsprechende Energiemuster, in dem Fall Armut in ihr Leben. Dank der Religion, des Erziehungs- und Mediensystems werden Menschen mit Botschaften und Klischees geradezu überschüttet, die erzählen, dass man „arm", „sündig", „unwert" ist. Diese Denkweise wird dann unbewusst ausgestrahlt was ein mangelndes

Selbstwertgefühl erzeugt und das entsprechende Umfeld anzieht. Die Grundpfeiler dazu werden bereits in der Kindheit gelegt.

3.5   Bewusstsein und Quantenpsychologie

Bewusstseinsforschung

Bewusstsein ereignet sich im Inneren eines Organismus und nicht in der Öffentlichkeit, aber es ist mit zahlreichen öffentlichen Manifestationen verknüpft. So gibt es verschiedene Ebenen von Bewusstsein. Die Befunde neurologischer Erkrankungen bestätigen die Unterscheidung zwischen Krenbewusstsein und erweitertem Bewusstsein. Das Kernbewusstsein ist grundlegend und wird nur unterbrochen durch traumlosen Tiefschlaf, Narkose, Koma, Mutimus, dem apallischen Syndrom, Absence-Anfällen und epileptischen Anfällen. Das erweiterte Bewusstsein ist dann ebenfalls unterbrochen. Kernbewusstsein und Emotion sind eindeutig miteinander verknüpft.

Grundlagen der Quantenpsychologie

Das Wesentlichste ist die Erkenntnis, dass Individuen nicht gleich funktionieren, und deshalb niemals nur eine Technik richtig ist um Trancephänomene wie sie bei der Medienrezeption insbesondere dem Fernsehen auftauchen zu heilen. Medizinisch ausgedrückt, kann kein Symptom behandelt werden, egal ob sich dies auf körperlicher, geistiger oder seelischer Ebene befindet, ob es bewusst, unbewusst, oder von außen projiziert ist, wenn nicht das Individuum in seiner ganzheitlichen Erscheinung zusammen mit seiner Umwelt betrachtet wird. Die vier Lehren der Quantenpsychologie basieren direkt auf den Prinzipien der Quantenphysik:

1. Der Beobachter beeinflusst die von ihm beobachtete Wirklichkeit.

(Werner Heisenberg)

2. Die Wirklichkeit wird durch Beobachtung geschaffen. Ohne Beobachtung gibt es keine Wirklichkeit. (Kopenhagener Interpretation Teil II)

3. Alles ist aus Leere gemacht; Form ist komprimierte Leere. (A. Einstein)

4. Es gibt keine an einen Ort gebundenen Ursachen. Die Wirklichkeit selbst ist nicht örtlich. (John Stewart Bell)

Damit unser Gehirn durch die zahlreichen Arten von Information nicht mehr unnötig in Trancen mit begrenzter Aufmerksamkeit gefangen ist, und fälschlicherweise Alarmreaktionen ausgelöst werden, in denen Assoziationen mit schmerzhaften früheren Erinnerungen aktiviert werden, müssen wir uns davon befreien.

Forschungsergebnisse zu Quantenphänomenen des Zellbiologen Bruce Lipton New York USA

Bislang wurde von den Medizinern angenommen, dass der Zellkern das Entscheidende sei. Entnimmt man aber den Zellkern, kann die Zelle bis zu einem halben Jahr mit allen Funktionen überleben. Signale passieren die Membran, sie gelangen in die Chromosomen und aktivieren den DNA Strang.

Forschungsergebnis von Prof. Masuro Emoto aus Japan

Dr. Emoto hat mit seinen Wasserforschungsergebnissen eindeutig bewiesen, dass Gedanken und Worte, die kristalline Struktur im Wasser verändern können. Positive Worte lassen ein schönes Kristall entstehen und negative Worte oder Konflikte lassen das Wasser ganz schwarz werden. Wir bestehen zu ca 70 - 90% aus Wasser.

3.6 Bewusstes und Unbewusstes

Durch die Konzentration auf einen Gegenstand kommt es gleichzeitig zu einer anderen Erscheinung, nämlich der, dass der Bereich der Wahrnehmung dadurch enger wird. Es kann nur ein Gegenstand in vollster Klarheit bewusst sein, und je aufmerksam man sich dem Gegenstand zuwendet, umso weniger klar bewusst wird alles andere. Inhalte, die immer „nebenher" bewusst sind, an die man sich nicht erinnern muss, bezeichnet man als „mitbewusst". Mitbewusst ist das, was einem jederzeit willkürlich, nach Belieben, zur Verfügung steht. Dann gibt es noch das „Vorbewusste", das sind Eindrücke die leicht und ohne Anstrengung ins Bewusstsein treten können. Man hat z.B. einen Menschen „unterschwellig", bemerkt, dass einem aber erst viel später einfällt, d.h. wirklich bewusst wird. Tatsache ist, dass man Bilder und Namen auch unterschwellig aufnehmen und behalten kann. Dies spielt wie bereits beschrieben in der wirtschaftlichen Werbung, der Reklame, eine große Rolle. Der Begriff des Unbewussten unterscheidet sich dadurch, dass seine Inhalte nicht sofort, sondern nur mit sehr erheblichem Aufwand an Mühe in Bewusstes umgewandelt werden kann. Es gibt aber auch Inhalte, die nie bewusst werden. Unbewusst bleiben auch die Körperfunktionen. Neben diesen Inhalten, die nie bewusst werden, gehören zum Unbewussten Dinge, die schon einmal bewusst gewesen sind und dann entweder vergessen oder verdrängt wurden. Über das „Persönliche Bewusste", beschreibt C.G. Jung noch „Archetypische", unbewusste Inhalte, die niemals bewusst waren, sondern ein Erbteil aus der Entwicklungsgeschichte der Menschheit darstellen. Er bezeichnet diese Inhalte, welche aus Märchen, Mythen, Sagen, sowie manchen Erscheinungen bei Geisteskranken erschlossen werden können, als Kollektives Unbewusstes. Freud entwickelte schon zuvor ein Persönlichkeitsmodell, das folgende „Instanzen" der menschlichen Persönlichkeit umfasst:

Das Es ist die älteste der psychischen Instanzen und beinhaltet alles, was ererbt und festgelegt ist, wie z.B. die Triebe. Das Es stellt den Urgrund dar, aus dem sich die beiden anderen Instanzen entwickeln und liefert diesen die seelische Energie (Triebenergie). Das Es wird als Bedürfnis- oder Triebspannung erlebt. Darunter versteht man jenen psychischen Spannungszustand, der dann entsteht, wenn ein Bedürfnis unbefriedigt bleibt. Das Ich hat die Aufgabe, die aus dem Es kommenden Bedürfnisse, die dem „Lustprinzip" dienen, zu prüfen und sie auf die Bedingungen der Umwelt abzustimmen, d.h. einige in der Realität durchzusetzen, andere aufzuschieben oder zu unterdrücken. Außerdem hat das Ich noch dafür zu sorgen, dass zwischen den Trieben der Außenwelt und den Anforderungen des Über- Ich Homöstase hergestellt wird. Das Über-Ich vereinigt das „Ich- Ideal", das Bild von dem, was „ich gerne sein möchte". Das Kind übernimmt die Ideale seiner Leitbilder und identifiziert sich mit diesen Vorbildern. Die Struktur des Über-Ich hängt daher wesentlich von der Erziehung ab, durch die das Kind die Normen und Ideale seiner Vorbilder übernimmt. Die Anpassung an die Realität, die Bewältigung der Aufgaben des täglichen Lebens gehen zu einem bedeutenden

Teil unbewusst oder mit Hilfe unbewusster Mechanismen vor sich. Der Mensch erlernt im Laufe seiner Entwicklung früh, Gefahren zu vermeiden. Er reagiert in konkreten Situationen unbewusst oder „instinktiv" so, dass er Gefahren ausweicht. Gefahren und Ängste begleiten die Entwicklung des Menschen von Anfang an. Freud nennt diese Ängste auch „Abwehrmechanismen" und kategorisiert sie in die Angst vor Ojektverlust, vor Liebesverlust, vor realen Gefahren, Kastrationsangst und Gewissensangst. Abwehrmechanismen dienen der Vermeidung von Gefahren, die von innen kommen. Mit ihrer Hilfe wird eine Anpassung an die Umwelt erzielt, allerdings unter Umständen auf Kosten der seelischen Gesundheit, d.h. der Mensch wird durch die Anpassung neurotisch krank.

Werbung kann man jetzt, da die Zusammenhänge zwischen Gedanken, Gefühlen, der Macht des Unterbewusstseins, die Einflüsse des Unbewussten auf Gehirn und die Gene diskutiert und aufgezeigt wurde, schlichtweg als „geistige Verschmutzung" bezeichnen. Täglich werden geschätzte zwölf Milliarden bildliche Werbebotschaften und über 200.000 Fernsehwerbebotschaften in das nordamerikanische Kollektiv gekippt. Im Laufe seines Lebens sieht der durchschnittliche Amerikaner drei Jahre Werbung im Fernsehen.

Das wichtigste Element der Werbung ist nicht die Information, sondern Suggestion. Dabei macht sich Werbung mehr oder weniger im Unterbewusstsein der Menschen schlummernde Assoziationen und Triebe, Wünsche, Ängste, Vorurteile oder Bequemlichkeiten zu nutze. Die Werbung arbeitet mit der für Manipulation typischen Schlagwortsprache. Sie suggeriert, dass alle Konflikte, Ängste und Sehnsüchte materiell befriedigt werden können. Alle Wünsche sind erfüllbar. Der Konsument wird mit dem was er hat, unzufrieden gemacht, neue Bedürfnisse werden geweckt und der Ausweg zur Wunschbefriedigung wird gleich mitgeliefert: eben das angebotene Produkt. Ein gutes Beispiel, um zu verdeutlichen inwiefern Manipulation durch Werbung funktioniert, kann die klassische Marlboro Werbung herangezogen werden, der „Cowboy auf seinem Pferd, der in den Sonnenuntergang in die Weite der Prärie reitet und sich eine Zigarette anzündet", ein Symbol von Freiheit, Abenteuerlust, Leben, Attraktivität etc. Hier wird besonders deutlich, dass obwohl man weiß, dass der Qualm gesundheitsschädlich ist, stinkt, teuer ist und alles andere als sportlich macht, trotzdem jedes Jahr Milliarden an Zigaretten verqualmt werden, da ein subtiles Gefühl vorherrscht, das den kritischen Verstand eingeschläfert hat. Werbung appeliert hier bewusst an Schwächen. Sie manipuliert Sehnsüchte nach Eigenschaften, die das reale Leben einem nicht bietet. Daraus lässt sich schließen, dass sich niemand einen Film ansieht, um sein Denken zu schulen, sondern vielmehr liegt die Anziehungskraft in den intensiven Gefühlserlebnissen, die ausgelöst werden. Die Gefühle entstehen dadurch, dass der Schein der Wirklichkeit erzeugt wird, in die der Betrachter sich miterlebend hineinversetzt. Indem der Film Willen und Denken schwächt und überdies keine Zeit zur Besinnung lässt, kann er den Betrachter auf einer gewaltigen Gefühlswoge mitreißen, ohne dass dieser Kraft und Gelegenheit fände, sich wie in der realen Welt mit Hilfe des Denkens immer wieder für Augenblicke daraus zu befreien. So ist auch zu erklären, dass manche Leute nachdem sie einen Horrorfilm gesehen haben, erst ins Bett gehen wenn sie vorher Fenster und Türen verriegelt haben und in alle Ecken geschaut haben.

„In beinahe jeder Handlung unseres Lebens, ob in der Sphäre der Politik oder bei Geschäften, in unserem sozialen Verhalten und unserem ethischen Denken werden wir durch eine relativ geringe Zahl von Personen beherrscht, die die mentalen Prozesse und Verhaltensmuster der Massen verstehen. Jene, welche die Fäden ziehen, kontrollieren das öffentliche Denken!" (Edward Bernay)

3.7 NLP – Neurolinguistisches Programmieren

Auf Grund der wissenschaftlichen Untersuchungen scheint es eher korrekt, das Unterbewusstsein weder als animalisch und bedrohlich zu betrachten (Sigmund Freud) noch als grundgut (Milton Erickson), sondern es einfach als vielseitig und unberechenbar anzunehmen und es zudem wertfrei als Basis anzuerkennen, auf der sich das Bewusstsein bildet und auf der wir handeln.

. Der Neurobiologe Gerald Hüther spricht in seinem Buch "Bedienungsanleitung für ein menschliches Gehirn" von der lebenslangen Plastizität des Gehirns und zeigt auf, dass das menschliche Gehirn weniger mit einem bestimmten Programm zur Welt kommt als mit der Fähigkeit, insbesondere durch Beziehungserfahrungen in unserer Umwelt, programmiert zu werden.

Das Neuro-Linguistische Programmieren (NLP) gilt als bedeutsames Konzept für Kommunikation und Veränderung, das heute ganz besonders von den Menschen nachgefragt und genutzt wird, die beruflich mit Kommunikation zu tun haben. Robert Dilts, einer der wichtigsten Entwickler des NLP, beschreibt NLP als ein Verhaltensmodell und ein System klar definierter Fähigkeiten und Techniken, das von John Grinder und Richard Bandler im Jahre 1975 begründet wurde. NLP ist die Erforschung und der systematische Gebrauch der subjektiven Erfahrung, sowie der jedem Menschen innewohnenden Möglichkeiten des Erinnerns,

Vergessens, der Informationsauswertung, des Wahrnehmens und Reagierens in allen Bereichen des menschlichen Seins.

In Seminaren wird NLP heutzutage als Kommunikations- und Lernmethode angeboten, um Lernschritte in der Persönlichkeitsentwicklung zu machen und effektiver mit Kunden oder Klienten zu kommunizieren.

Die Methoden und Techniken des NLP entstanden durch Beobachtung von den Begründern Bandler und Grinder, die Muster aus diversen Bereichen professioneller Kommunikation und Leistungen analysierten, unter anderem aus dem Bereich der Psychotherapie, der Wirtschaft, der Hypnose, des Sports, des Rechtswesens und der Erziehung. Da im NLP vollständig auf den Ansatz von objektiver Wahrheit verzichtet wird, wirft es die Frage auf, aus was sich NLP letztlich zusammensetzt und was diese Methode für viele Menschen interessant macht. Es gibt einige Grundannahmen, die auch als die „Einstellung" eines NLP Anwenders zu verstehen sind. Die NLP-Grundannahmen, die durchgängig auf ein positives Menschenbild verweisen, sind als nicht überprüfbare Vorannahmen tragende Elemente des NLP. Die wichtigste Vorannahme die im NLP gilt, ist: „Die Karte ist nicht das Territorium" (A. Korzybski, Science and Sanity, 1933).

Jeder Mensch organisiert sein Leben nach Landkarten oder Modellen von der Wirklichkeit. Keine Landkarte ist an sich besser oder schlechter als eine andere Landkarte. Wenn es die Realität nicht gibt, dann gibt es auch keinen objektiv gültigen Vergleichsmaßstab für eine gute oder schlechte, eine richtige oder falsche Landkarte. Die Beziehung zwischen Landkarte und fiktiver Realität (Territorium) wird durch verbale und nonverbale Kommunikation hergestellt. Sinnesspezifische, soziale und individuelle Filter können das Modell, das sich ein Mensch von der Welt macht, unterschiedlich stark einschränken oder verzerren. Einschränkungen und Verzerrungen des Modells hindern Menschen daran, ihre Ressourcen und Wachstumspotentiale optimal auszuschöpfen – sie haben nicht die Wahl sich so oder anders zu verhalten. Jeder Mensch ist prinzipiell dazu in der Lage, seine Modelle neu zu kartieren bzw. im Hinblick auf mehr Wahlmöglichkeiten zu optimieren. Das heißt, aus Sicht des NLP bildet die menschliche Wahrnehmung die Wirklichkeit nicht ab, sondern bringt sie hervor. So dass, eine Erfahrung die ein Mensch in seinem Leben macht kein passiver Beobachtungsprozess ist, wo eine objektive Welt wahrgenommen wird. Wahrnehmen und erkennen ist somit ein aktiver Prozess der Konstruktion von Wirklichkeit. Die subjektive Abbildung der Wirklichkeit setzt voraus, dass Menschen einen Wahrnehmungsfilter haben, durch den Umweltreize wahrgenommen werden. So lässt sich auch erklären, warum eine Anzahl von Teilnehmern derselben Veranstaltung oftmals zu sehr unterschiedlichen Interpretationen der gleichen Erfahrung kommt.

3.7.1 Was sind Metaprogramme?

Menschen nehmen zu jeder Zeit des Lebens eine hohe Anzahl von Informationen über ihre Sinnesorgane gleichzeitig auf. Auf der einen Seite sind es die offensichtlichen Bestandteile einer Erfahrung, wie z.B. das lesen eines Text oder fahren eines Autos, also die Inhaltlichen Informationen über die wir bewusst nachdenken können. Auf der anderen Seite gibt es, meist unbewusste, mentale Muster nach denen wir die empfangenen Informationen, die wir aus unserer Umwelt erhalten organisieren und strukturieren. Das sind so genannte Metaprogramme. Diese Metaprogramme filtern alle Informationen, die uns von unseren fünf Sinnen geliefert werden. Somit konstruiert sich jeder Mensch seine innere Abbildung von der Welt. Die individuellen Filterkriterien eines Menschen richten sich nach unseren Werten, Glaubenssätzen, Selbstbildern, Vorurteilen, unseren Erinnerungen und Erfahrungen und den Metaprogrammen. Metaprogramme helfen dem Menschen die komplexen Informationen, die er aus der Umwelt erhält zu verarbeiten und legen damit fest, in welcher Art und Weise wir Eindrücke verzerren, verallgemeinern und tilgen. Damit erleichtert sich der Mensch ein Zurechtfinden in der Welt, da er so eine „Landkarte" von der Wirklichkeit in seinem Bewusstsein abbilden und abspeichern kann, um zu einem späteren Zeitpunkt wieder darauf zurückgreifen zu können. Das führt zu einem automatisierten Denkablauf auf der Metaebene, der wiederum durch die verschiedenen Metaprogramme organisiert ist.

Meta-Programme geben Auskunft über folgende Eigenschaften von Menschen:

- Wahrnehmungshinweise einer Person
- Hinweise auf die Informationsverarbeitung
- Aufschluss über die Motivationsstruktur
- Kriterien für Entscheidungsprozesse
- Verhaltensmerkmale

Diese übergeordneten Programme geben Aufschluss über die Prozesse die bei einem Menschen ablaufen, d.h. nicht was jemand denkt, fühlt, entscheidet, sondern wie jemand etwas tut. Meta-Programme sind meist unbewusst ausgebildete Gewohnheiten, die von den meisten Menschen nicht weiter hinterfragt werden. Erkennen lassen sich Meta-Programme durch Analyse der Sprache und Beobachtung des Verhaltens in bestimmten Situationen. Weiter ist es wichtig zu beachten, dass Meta-Programme Kontextabhängig sind und von dem jeweiligen Gefühlszustand eines Menschen.

Die Kenntnisse der Meta-Programme aus dem NLP bieten optimale Voraussetzungen für Manipulation an Menschen. Dies geschieht meist unbewusst und der Mensch hat wenige Möglichkeiten auf seine eigenen Metaprogramme nicht zu reagieren, da sie der willentlichen Kontrolle nicht unterliegen und automatisch ablaufen. Ein wichtiges Wirkprinzip bei jeder Form der bewussten und gezielten Manipulation ist, Einfluss auf unbewusste Motivationen und Strukturen eines Menschen, ohne deren Wissen und oft gegen deren Willen, zu nehmen. Eine gezielte Erforschung der Märkte kann Aufschluss darüber geben, mit welchen Sprachmustern Kunden am effektivsten erreicht werden. So können Produkte oder Meinungen entsprechend den Meta-Programmen einer Zielgruppe in den Medien dargestellt werden und dadurch die Erfolgsquoten erhöht werden. Auf Beispiele und Zielgruppen die mittels dieser Technik wirkungsvoll manipuliert wurden, wird hier nicht weiter eingegangen, da dies den Rahmen dieses Buches sprengen würde. Einleuchtende Manipulationstechniken und Beispiele werden noch in Kapitel 4 beschrieben.

3.8 Gruppendynamische Prozesse

Menschen sind keine isolierten Individuen, sondern sie sind in Gruppen verschiedenster Art eingebunden. Sie brauchen die Gruppe. Ohne Einbindung in eine Gruppe gehen Menschen zu Grunde. Gruppeneinbindung fordert jedoch Konformität: das gruppenkonforme Denken, Fühlen und Handeln wird belohnt mit dem Zutritt zur Gruppe, mit Sicherheit in der Gruppe und mit Aufstieg in der Gruppe. Gruppeninkonformes Denken, Fühlen und Handeln werden bestraft; mit Abstieg in der Hierarchie, mit Marginalisierung, schließlich mit Ausschluss und Ächtung, die dann in einen Übergang in neue Gruppen münden.

Gruppenkonformes Denken, Fühlen und Handeln äußern sich in der Übernahme von Denkmustern, Werten und Normen der Gruppe. Dies drückt sich aus im Bekenntnis zu bestimmten Auffassungen, in gruppenkonformer Kleidung und Habitus, in der Ausübung von Ritualen und Kommunikationsweisen: Dies ist immer verbunden mit der Abgrenzung gegen andere Gruppen, auch gegen ihre Kommunikate. Die Gruppenbildung bedeutet einen Verlust an Unabhängigkeit und ein Gewinn an Sicherheit. Die Umwelt wird überschaubar und kontrollierbar, wenn das Denken auf einige klare Glaubenssätze und das Handeln auf einige eindeutige Routinen reduziert werden können. Einbindung wird belohnt, Absonderung bestraft. Das sitzt sehr tief in uns. Ein berühmtes sozialpsychologisches Experiment in diesem Zusammenhang hat der Psychologe Salomon Asch in den fünfziger Jahren entwickelt und durchgeführt.

Das Asch-Experiment: Test des Konformismus aus Isolationsangst

Die Frage an die Versuchspersonen lautete: Welche der drei Vergleichslinien entspricht in der Länge der Musterlinie?

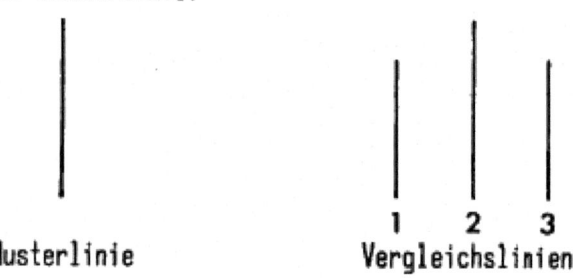

Quelle: Solomon E. Asch, 1952: "Group Forces in the Modification and Distortion of Judgments." Social Psychology. New York: Prentice-Hall, Inc., S. 452

Abbildung 1

Der Kern seiner Idee war diese: Stellen Sie sich vor, Sie nehmen an einem psychologischem Experiment teil, bei dem Ihnen erklärt wird, es ginge um die Fähigkeit zu schätzen, zu messen und zu vergleichen. Sie sollen Strecken miteinander vergleichen und sagen, welche gleich lang sind. Sie machen dies zusammen mit vier anderen Personen, die Sie nicht kennen, mit denen Sie sich aber auf ein Urteil einigen müssen. Nun bekommen Sie Strecken vorgelegt, und alle geben Urteile ab. Meistens stimmen sie alle überein, welche Strecken gleich sind, aber manchmal schätzt jemand anders und wird von ihnen und den anderen davon überzeugt, das er falsch liege. Ab und an aber sagen alle anderen, dass Sie falsch liegen. Sie sind ihrer Sache völlig sicher, aber alle anderen sagen das Gegenteil. Eine Situation, in der nur psychisch robuste nicht auf das einmütige Urteil der anderen eingehen. Was Sie nicht wissen, ist, dass Sie die einzige echte Versuchsperson sind, während alle anderen mit dem Versuchsleiter unter einer Decke stecken. Es wird auch gar nicht Ihre Vergleichsfähigkeit getestet, sondern Ihre Kraft, dem Konformitätsdruck zu widerstehen. Immerhin 2/3 der echten Versuchspersonen, also von Ihnen, wurden zwar nervös und suchten sich zu rechtfertigen, aber sie blieben bei ihrer Meinung auch unter diesem Druck. 1/3 änderte die Position, obwohl sie von der Richtigkeit ihres anfänglichen Urteils überzeugt waren. Nun ging es bei dem Asch-Experiment um einfache kognitive Prozesse, bei denen sich ohne weiteres feststellen lässt, wer Recht hat. Aber jedem ist wohl klar, wie schnell ein Individuum unsicher werden kann, wenn es um kompliziertere Dinge geht, bei denen zwischen wahr und falsch nicht ohne weiteres entschieden werden kann, und welche Kraft da aufzubringen ist, um dem Konformitätsdruck zu widerstehen.

Es gibt außer den psychischen Faktoren auch noch andere Faktoren, die einen Einfluss darauf haben, ob jemand sich der Gruppe unterwirft. Zum Beispiel ist

die Attraktivität der Gruppe und ihrer einzelnen Mitglieder ein wichtiger Faktor; noch wichtiger ist, ob die Gruppe einmütig urteilt oder sich widersprüchlich äußert. Wir sind also in unserer Meinungsbildung und in unserem Handeln stark von Gruppen abhängig. Wir suchen die Kohäsion, und die Gruppe sorgt für eine Wandlung. Wir vermeiden im Gegen-

zug den Kontakt zu anderen, die uns in Spannung zu unserer bestehenden Auffassung bringen könnten. Wir setzen uns also dem aus, was uns
mehr oder weniger bestätigt – notfalls nutzen wir die Gruppe, um wieder
Konsistenz herzustellen.

3.9 Massenpsychologie

Einer der Hauptgründe dafür, dass Menschen sich immer wieder zu Massen zusammenschließen, bzw. dass sie es nicht schaffen aus einer bestehenden Masse „auszutreten" ist die sog. Isolationsangst, also die Angst jedes Menschen alleine und ohne soziale Kontakte zu sein. In der Regel reagieren alle Gesellschaften auf auffallendes und ungewöhnliches Verhalten eines ihrer Mitglieder damit, dass sie dieses Mitglied ausschließen und die Angst vor diesem Ausschluss ist in uns allen verankert. Deswegen ist jeder Mensch ständig auf der Suche nach der „öffentlichen Meinung", er will wissen was andere denken, um sich dann diesen Denkweisen anschließen zu können. Durch eine Untersuchung fand man heraus, das 60- 80% aller Westeuropäer bereit ist offensichtliche Falschaussagen zu begehen, nur um von der Gesellschaft anerkannt zu werden. Auch kann man darauf schließen, dass es zum einem Teil auf Isolationsangst zurückzuführen ist, dass während des Dritten Reichs alle von den Nazis begeistert waren, nach dem verlorenen Krieg jedoch jeder von Anfang gegen Hitler war. Die Massengesellschaft beendet die Freiheit des Einzelnen, der dann nichts mehr selbst tut, denkt, entscheidet. Die Schuldfrage wird an den Nagel der Masse gehängt und damit ist das Gewissen als Zeichen von Persönlichkeit und Individualität abgestumpft. Aufgrund der fast immer gleichen Eigenschaften einer Masse ist es sehr einfach, sie zu manipulieren, wobei bestimmte Techniken angewandt werden: Schon die Bildung einer Masse lässt sich künstlich herbeiführen, u.a. indem man entweder ein Idol oder ein Feindbild aufbaut dem alle anhängen, indem man enge physische Kontakte zwischen Einzelpersonen herstellt. Die wichtigste Rolle spielt jedoch die Tatsache, dass man Menschen immer wieder mit bestimmten Bildern, Schlagworten oder Stereotypen[9] traktiert. Stereotypen bezwecken, dass sie, nachdem man sie lange und oft genug wiederholt hat, beim Hörer sofort gewisse Emotionen wecken, die immer sehr stark sind und vereinfacht in eine Richtung gehen und mit denen der Redner oder Anwender des Stereotyps dann weiter umgehen kann. Meistens werden Stereotypen auf ein bis zwei Schlagworte reduziert, z.B. „Ausländerhass". Stereotypen sind meist sehr fest verankert, da sie von Menschen sehr leicht angenommen werden. Sie repräsentieren schließlich eine vereinfachte Wirklichkeit, in der man nicht viel nachdenken muss. Wichtig bei der Manipulation von Massen ist auch die Sprache, die sehr einfach sein muss. Redner, die eine Masse beeinflussen wollen, müssen vor allem darauf abzielen Bilder in den Köpfen der Menschen zu erzeugen. Auch dürfen sie unter keinen Umständen die Aufmerksamkeit der Masse verlieren, da es sonst zu einem plötzlichen Meinungsumschwung kommen könnte. Deswegen schreien und gestikulieren viele Redner auch oft. Um eine Masse zu beeinflussen braucht man keine Beweise für das Gesagte, denn Beweise gelten in der Regel als Zeichen von Unsicherheit,

---

[9] Ein Stereotyp soll immer alle Menschen der Gesellschaft gleichermaßen ansprechen und gleichschalten; auch als Symbol oder Denkschemata in diesem Zusammenhang zu verstehen.

im Gegenteil, man muss einfach Behauptungen aufstellen und diese dann immer wieder wiederholen.

In den vergangenen Jahrzehnten begannen die Medien eine immer wichtigere Rolle bei der Bildung und der Manipulation der Massen zu spielen, da immer mehr Menschen eine immer größere Anzahl von Medien (Zeitung, Fernsehen, Internet) zur Verfügung stehen. Dadurch ist aber nicht gewährleistet, dass der Zuschauer auch mit mehr Informationen versorgt wird, da eine Nachricht bis zum Adressaten sehr viele Filter durchlaufen muss. So sind die Medien heute in der Lage regelrechte Hetzkampagnen gegen bestimmte Institutionen oder Einzelpersonen zu starten, während andere Dinge einfach wegfallen. Durch die Massenmedien entstand sogar eine neue Form der Masse die sog. mediale Masse. Wenn man normalerweise von einer Masse spricht stellt man sich dabei immer eine Menschenansammlung vor, also eine tatsächlich anwesende präsente Masse, eine mediale Masse bildet sich jedoch dadurch, dass ihre Mitglieder alle durch das selbe Medium über etwas informiert werden, bzw. beeinflusst werden und dadurch oft gleiche Reaktionen zeigen.

Manipulation durch die Medien, sowie die Werbung zielt immer auf die fünf Sinne (Sehen, Fühlen, Hören, Schmecken, Riechen) des Menschen ab. Die Sinne sind der Zugangscode zur DNS, der vom Gehirn entschlüsselt wird. Wie schon im Kapitel Medien angeführt, berichten, kommentieren und wählen wenige Menschen aus, was Millionen sehen, hören und in sich aufnehmen. Journalisten besitzen gesellschaftliche Privilegien, die es ihnen erlauben, mehr als andere Mitglieder der Gesellschaft auf den Meinungs- und Willensbildungsprozess Einfluss zu nehmen. Journalisten sind es, die darüber entscheiden, was Gesprächsthema von Millionen sein wird. Man kann sogar soweit gehen und sagen: Medien sind in den westlichen Ländern zur größten Macht geworden. Bei der Fülle von Informationen ist der Bürger geradezu dankbar, wenn die Medien ihm die Auswahl und damit das eigenständige Denken was wichtig ist in der Welt abnehmen. So wird propagiert was „man" denkt, fühlt und tut. „Der publizistische Konformitätsdruck bewirkt eine ständige Angst des einzelnen, sich in seiner eigenen Meinung von der Mehrheitsmeinung, der -öffentlichen Meinung-, zu unterscheiden." (Noelle-Neumann). Auch die Justiz spielt eine Rolle in der Massenpsychologie, denn sie entscheidet ja darüber, was rein rechtlich gesehen erlaubt und verboten ist, sie kann also z.B. durch das Erlassen von Gesetzen Menschen manipulieren. Auffällig ist, dass besonders charakterschwache Menschen häufig davon träumen Richter o.ä. zu werden, um ihre Komplexe damit auszugleichen. Sie wollen Macht über eine Masse anderer Menschen haben und damit deren Anführer sein. Auch Sigmund Freud beschäftigte sich mit der Massenpsychologie. Freud meint, dass ein Führer der Auslöser für die Bildung einer Masse ist und das eine Masse sich vergrößert, indem Menschen die andere im Affekt handeln sehen ebenfalls im Affekt zu handeln beginnen und so ein Teil der Masse werden. Für Freud bleibt die Masse immer sehr stark von den Führern abhängig, kann also gar nicht ohne ihn bestehen. Wilhelm Reich war ein Anhänger der sog. linken Massenpsychologie, die von Schülern Freuds entwickelt wurde. Sein Hauptanliegen war es Strukturen in Massen, vor allem von Massen in Diktaturen zu analysieren und die Massen dadurch zu befreien. Für Reich lag der Hauptgrund, warum Menschen Massen bilden in der Kindheit und in der unterdrückten Sexualität jedes Einzelnen (siehe Freud). Eine Masse hat jedoch laut ihm die Möglichkeit sich zu befreien, indem sie eben diese Unterdrückung überwindet. Wie schon bereits erwähnt neigen Massen dazu sich einen Führer unter ihresgleichen zu suchen und ihm bedingungslos zu folgen (s. Drittes Reich). Der Grund hierfür ist hauptsächlich, dass die Mitglieder einer Masse ihre Individualität verloren haben und deshalb bis zu einem gewissen Grad alle gleich geworden sind. Nun suchen sie jemand der aus der Masse hervorsticht und in der Lage ist, ihr Befehle zu erteilen. Dieser Führer muss bestimmte Qualitäten haben und zuvorderst muss er frei von Isolationsangst sein, denn er vertritt ja seine Meinung zuerst völlig alleine bevor sich ihm andere anschließen. Er muss also den Mut haben sich von den anderen abzusondern und ohne Rücksicht auf die aktuelle Meinung seine eigene Einstellung kund tun, was vielen Menschen äußerst schwer fallen würde. Außerdem muss ein zukünftiger Anführer einer Masse natürlich ein äußerst gewandter Redner sein, der die oben genannten Mittel zu nutzen weiß, soweit dies überhaupt möglich ist. Auch muss ein Anführer ein gewisses Maß an Selbstüberschätzung mitbringen, da er nur so wirklich glaubhaft vor einer Masse stehen und reden kann. Gleichzeitig muss sich ein potentieller Anführer aber auch so volksnah geben, dass sich jedes einzelne Mitglied der Masse völlig mit ihm identifizieren kann und auch für eventuelle Fehler des Anführers Verständnis hat. Hat sich eine Masse erst einmal einen Führer erkoren, so folgt sie ihm dann meist bedingungslos und bis in den totalen Zusammenbruch hinein.

4 Das Spielfeld Angst, Macht und Manipulation

4.1 Erlernte Hilflosigkeit

Es gibt Menschen, die sehr häufig mit der Überzeugung leben, dass ihr Leben von außen beeinflusst und kontrolliert wird. Solche Menschen fühlen sich dann oftmals hilflos und ausgeliefert. Im Extremfall kann diese Wahrnehmung der eigenen (Nicht-) Kontrollierbarkeit zu Resignation führen.

Dies ist genau das Ergebnis, das der Wissenschaftler Martin Seligman in Versuchen mit Tieren und Menschen herausgefunden hat: Hunde wurden fixiert und Elektroschocks ausgesetzt, hatten jedoch keine Möglichkeit, diesen Schocks aus dem Weg zu gehen. Sie lernten das Gefühl der Hilflosigkeit. Später hat man die Experimentalsituation verändert und den Hunden die Möglichkeit gegeben, den Schocks auszuweichen, indem sie einfach über ein Gitter springen konnten. Zur Überraschung der Wissenschaftler blieben die Hunde aber hocken, als hätten sie jegliche Hoffnung verloren! (Kontrollgruppe: Hunde konnten von Anfang an über das Gitter springen und taten dies bei den Schocks naturgemäß auch.) Auf Menschen übertragen: Wird ein Mensch ständig mit traumatisierten Ereignissen konfrontiert, die er nicht beeinflussen kann – über die er demnach keine Kontrolle hat – fängt er allmählich an, sich hilflos zu fühlen, verliert die Hoffnung und wird depressiv. Psychologen bezeichnen diese passive Resignation als Erlernte Hilflosigkeit. Hieran reiht sich fast nahtlos die Macht der Manipulation, d.h. der gezielte Einfluss auf Entscheidungen von Menschen, den diese als gezielten Einfluss, und damit als Beeinträchtigung ihrer freien Entscheidung nicht wahrnehmen. Im Großen Brockhaus wird Manipulation als „eine Steuerung fremden Verhaltens, derer sich die betroffenen Personen kaum oder gar nicht bewusst werden und die besonders im Interesse des Ausführenden liegt" definiert. Passiv heißt das: Mit den Menschen wird etwas gemacht. Im aktiven Sinne: Menschen machen etwas mit Menschen. Obwohl Manipulation die Absicht vertritt anonym stattzufinden, ist sie doch personal, und inhaltlich als geistig-ideologische Kraft auszuweisen. Ganz bestimmte Menschen wollen unter raffiniertester Ausnutzung technischer, psychologischer und soziologischer Mittel ganz bestimmte Ziele erreichen.

„Manipulation ist Verhaltensbeeinflussung zu fremdem Nutzen" (R. Lay).

4.2 Die Gesetze der Macht

Nach Max Weber ist eine Definition von Macht: *„Jede Chance, innerhalb einer sozialen Beziehung den eigenen Willen auch gegen Widerstreben durchzusetzen, gleichviel, worauf diese Chance beruht."*

Soziale Macht bspw., ist die Fähigkeit von Personen oder Gruppen zur Steuerung des Denken und Handelns von Anderen. Neben individuellen Akteuren können also auch Gruppen, insbesondere organisierte Gruppen wie Medienunternehmen, Militär oder Regierungen Macht besitzen und ausüben. Es gibt verschieden Machtformen, wie bspw. die Handlungsmacht, die alle Formen von Aktionen zur Veränderung der sozialen und natürlichen Umwelt umfasst, oder die Entscheidungsmacht die sich auf die Auswahl aus vorhandenen Optionen oder die willentliche Ausprägung neuer Zielsetzungen bezieht. Oder die Mobilisierungsmacht bezieht sich auf die Fähigkeit Unterstützung von anderen Subjekten zu mobilisieren, z. B. von Kaufinteressenten im Gütermarkt oder Wählern in demokratischen Wahlen. Weil Menschen Wünsche, Bedürfnisse, Probleme, Engpässe und Sehnsüchte haben, besitzt derjenige potentiell Macht, der sie befriedigen kann. Macht wird dadurch ausgeübt, dass die ersehnten Dinge gewährt oder verweigert werden.

4.2.1   Die Lügen der Medienwelt

Jahrelang wurde uns nicht nur durch die Medien, sondern auch von Geschwistern, Freunden, Eltern, Großeltern, Lehrern und überhaupt der ganzen Gesellschaft Behauptungen darüber wie die Welt zu funktionieren hat einprogrammiert, die wir bis zu einem gewissen Zeitpunkt ungeprüft einfach so geglaubt und in unser Weltbild integriert haben. Diese Behauptungen wurden vor allem über die Medien verbreitet und damit für wahr gehalten. Heutzutage kommen immer mehr Menschen allmählich dahinter, dass die Behauptungen, mit denen Sie groß geworden sind nicht stimmen, und fangen an Informationen und Quellen zu sammeln, zu filtern, und zu prüfen.

Die beliebtesten Medienlügen sind z.B. Medikamente machen gesund; Impfungen machen immun; wenn ein Kind krank ist, braucht es Antibiotika; Chemotherapie und Bestrahlung sind effektive Behandlungsmethoden gegen Krebs, Fleisch ist gesund, Aspirin schützt vor Herzinfarkt, Herzmittel stärken das Herz, Schwangerschaft ist ein schwerwiegender medizinischer Zustand, HIV ist die Ursache von AIDS; AD(H)S entsteht durch eine Stoffwechselstörung im Gehirn (und die Lösung dafür heißt Ritalin o.ä.); Fluorid im Trinkwasser schützt Ihre Zähne; Impfstoffe sind gründlich erprobt worden, bevor sie zugelassen wurden; Chronische Schmerzen sind eine normale Alterserscheinung, Arthrose ist nicht heilbar, Deutschland ist Jodmangelgebiet (vgl. „Hände weg von der Schulmedizin, Gunther Obel, 2008

4.3 Manipulation

Manipulation ist ein uraltes Mittel der Beeinflussung. Sie wurde seit je von allen Kulturen bis zum heutigen Tag angewendet. Bei der Manipulation geht es um bewusste oder unbewusste Lenkung. Manipulierte Darstellungen basieren auf eigenen Zielvorstellungen. Es passiert nicht nur Politikern oder Journalisten, dass Informationen verfälscht, ausgewählt, verschwiegen oder nur einseitig weitergegeben werden. Immer dann, wenn eine Person versucht ihre Interessen durchzusetzen, wird sie selbstverständlich alle zur Verfügung stehenden Mittel anwenden. Manipulation ist definiert als trickreiche Beeinflussung einer Person oder einer Gruppe, mit der Zielsetzung der Herbeiführung einer Meinung oder einer Handlung, welche den Zielen des Manipulierenden dient. In dieser Definition sind die wichtigen Punkte nach Shannon bereits erwähnt: Wer manipuliert wen, warum, mit welchen Methoden um was zu erreichen? Die Macht der Manipulation ist heutzutage sehr vielfältig. Egal, ob Printmedien, Hörfunk oder das Fernsehen: Alle diese Massenmedien beliefern uns mit Informationen. Doch entsprechen alle diese Informationen auch der Wahrheit? Wenn nicht – was hat es für einen Sinn, den Menschen falsches Wissen mitzuteilen? Wir leben in einer Zeit, in der das Fernsehen die Menschen und die Gesellschaft prägt. Wenn aber die Medien manipuliert werden, wird dann nicht auch unsere gesamte Gesellschaft manipuliert? Falls ja – wie äußert sich diese Manipulation, wer sind die Drahtzieher und wie können wir uns dagegen wehren? Kann man

Lüge, Konstruktion und Realität von einander unterscheiden? Denn je besser der Mensch über die Beeinflussung zum Beispiel durch die Medien Bescheid weiss, um so eher kann er ihr widerstehen.

4.3.1 Die Macht der Manipulation

Macht ausüben muss ja gar nicht immer negativ sein. Wir brauchen heute nach wie vor Vordenker, Führungskräfte, Menschen, die andere lenken. Fest steht: *„Macht hat einen hohen Preis: Wer auf ihren Gipfel gelangen will, darf sich nicht zu lange mit moralischen Bedenken und Skrupeln aufhalten." (R. Greene.)* Wer die größte Macht hat, Informationen zu verbreiten und ständig zu wiederholen, schafft so "Wahrheit" und "Wissen", obwohl die zu Grunde liegenden Informationen auch fiktiv oder verfälscht sein können. Das Herausfinden wirklicher Informationen wird immer mehr zu einer anspruchsvollen Aufgabe, die sich nur wenige leisten können, sei es finanziell, zeitlich, oder einfach weil das Bewusstsein darüber nicht vorhanden ist. Beispielsweise will ein Land eine Gegend erschließen, um Wohnsiedlungen oder Industrieanlagen zu bauen, würde diese Ankündigung erstmal massiven Widerstand hervorrufen. Stattdessen wird als erster Schritt vorgeschlagen eine Strasse zu bauen, um den Leuten besseren Zugang zu dem Gebiet zu ermöglichen. Sobald dies erreicht ist, beginnen einige wenige Gebäude aufzutauchen, dann mehr und mehr, bis man in Phasen das erbaut hat, was man von Anfang an beabsichtigt hatte. Keine dieser Bewusstseinsmanipulationen der Gesellschaft könnte ohne die Medien vonstatten gehen. Und nur wenige Menschen innerhalb der Medien wissen, dass sie eine Schlüsselrolle bei der Programmierung des menschlichen Bewusstseins spielen und somit eine große Verantwortung tragen. Viele Journalisten passen sich einfach unhinterfragt traditionellen

Strukturen und Einstellungen an und lassen zu, dass sie manipuliert werden, um dann ihre Zuhörer zu manipulieren. Natürlich gibt es auch Ausnahmen, die wenigstens versuchen ihre Quellen zu hinterfragen und so viele Informationen wie möglich zu vermitteln, obwohl sie mit ihrer journalistischen Freiheit letztendlich in einer Medienstruktur gefangen sind. Fakt jedoch ist, dass die Medien unsere Schöpfung sind, d.h. eine durchschnittlich kollektive Geisteshaltung abbilden, und so das menschliche Bewusstsein widerspiegeln. Wenn man eine durchschnittliche Boulevard-Zeitung / Radio / Fernsehen liest hört oder anschaut, muss man feststellen, dass es um kurzes, unglaublich oberflächliches Sensationsblattdenken geht, um Werturteile, die Verteidigung des Status Quo und zwischendurch noch viel nackte Haut. Boulevard-Medien reflektieren Gedankenmuster die kollektives Bewusstseins schaffen und damit die Realität in der wir leben. Die Medien programmieren die Gedanken von weiten Teilen der Menschheit und ermöglichen damit, dass der Einzelne nicht mehr bewusst nachdenken muss, sondern vorgefertigten Meinungen und Trends hinterherlaufen kann. Die größte Wirkung der Medien auf das menschliche Bewusstsein besteht nicht so sehr in Einzelheiten, sondern in der Massenhypnose, die von denselben Grundthemen geschaffen wird, die immer wieder auftauchen. Die meisten Menschen greifen keine Einzelheiten aus Zeitungen auf, geschweige denn aus Rundfunk oder Fernsehen, bei denen man eine einzige Chance hat etwas zu hören. Durch die vielen Wiederholungen in den Medien erfahren wir eine gewisse „Hintergrundbombardierung unseres Unterbewusstseins und erkennen dabei nicht, wie durch Werbeslogans, Filmstars, Nachrichtensprecher und Moderatoren subtile Hypnose stattfindet. Das Wach- und Unterbewusstsein wird auf diese Weise insgeheim programmiert und subliminal[10] manipuliert. Dr. Wilson Bryan Key, ein Professor für Journalismus, führte eine Studie über diese Techniken durch und schrieb drei Bücher darüber: „Media Sexploitation", „The Clam Plate Orgy" und „Subliminal Seduction". Er entdeckte, dass Millionen von Dollar für Anzeigen ausgegeben wird, um Zuschauer subliminal zu programmieren. Dr. Key deckte die Existenz des Tachistokops auf, ein Filmprojektor mit einer Hochgeschwindigkeits-verschlusskappe, der alle fünf Sekunden Botschaften für ein Dreitausendstel einer Sekunde einblendet. Diese Botschaften konnten vom bloßen Auge nicht gesehen werden, wurden aber vom Unterbewusstsein aufgenommen. Die Botschaft tauchte dann auf der bewussten Ebene in Form eines Gedanken, Wunsches oder einer Meinung auf, von der die Person glaubte, es sei ihre eigene. Während der 50er und 60er Jahre weitete sich das Experimentieren mit subliminaler Beeinflussung schnell aus. 1962 und 1966 patentierte Doktor Hal C. Becker subliminale Geräte, die das Potential derartiger Technologie noch steigerten. Er unterhielt eine erfolgreiche Klinik für Gewichtsreduzierung in New Orleans und benutzte dabei subliminale Botschaften. Sein Anti-

---

[10] „Subliminal" bezieht sich auf Botschaften, die die bewusste Ebene der Wahrnehmung umgeht und das Unterbewusstsein programmiert, was die individuelle Wirklichkeit erschafft.

Diebstahlprogramm wurde in Kaufhäusern in Kanada und in den USA eingesetzt. In Geschäften wurden für das Ohr unhörbare „Stehle nicht!" Botschaften gesendet, woraufhin die Ladendiebstähle zurückgingen. 1986 kam ein fortschrittlicheres Sicherheitssystem heraus, das seine Botschaften unter Musikberieselung verbarg. Ein Computer stellte sicher, dass sich der Ton der Botschaft der Lautstärke der Musik anpasste. Diese subliminalen Botschaften funktionieren erwiesenermassen (Susan Brice in: Exposure 6/7 1993, S.12).

Es wäre also durchaus denkbar, wenn bereits in den 50er Jahren mit dem Einsatz solcher Botschaften experimentiert wurde, dass heutzutage subliminale Botschaften über die Trägerwelle von Radio- und Fernsehstationen mit ausgestrahlt werden, die den Leuten erzählen, wie sie wählen sollten, wen sie lieben und wen sie hassen sollten, was sie kaufen und was sie denken sollten. Laut Doktor Wilson Bryan Key ist das Fernsehen das wichtigste Werkzeug zur Bewusstseinskontrolle, da Menschen oft zur Entspannung fernsehen, und viele sogar vor dem Fernsehgerät einschlafen. In diesem Zustand ist das Unterbewusstsein am empfänglichsten für Botschaften. Die Subliminaltechnologie könne dafür empfängliche Leute so beeinflussen, dass sie begännen mehr zu essen oder zu trinken, ihre sexuellen Gewohnheiten ändern und anfängen, eine schier endlose Liste von Verhaltensauffälligkeiten zu entwickeln.

Ähnlich erfolgreich verliefen Experimente, wo Klinikärzte heimlich ihre Patienten vor Operationen mit subliminal messages psychisch stabilisierten. Gleichermaßen erfolgreich verliefen Therapieversuche mit unterschwelliger Beeinflussung bei Alkoholikern, Rauchern und Esssüchtigen.

Techniker, die sich mit der Materie auskennen, wie Al Bialek, der am „Philadelphia-Experiment" beteiligt gewesen war, sind der Ansicht, dass unterschwellige Botschaften nicht auf CDs und normale Tonbandkassetten gespeichert werden können. Der Frequenzbereich sei zu klein. Bialek: *„Sie könnten sie möglicherweise auf Laserdiscs geben, aber nicht auf eine Audio-CD, weil dort der Frequenzbereich zu beschränkt ist."*

Wenn wir uns jedoch bewusst machen, wie sehr Musikberieselung in Geschäften heute üblich geworden ist, und dass unterschwellige Botschaften in Kinofilme oder TV-Sendungen eingeklinkt kein technisches Problem darstellen, dann ist wahrscheinlich, dass jeder von uns irgendwann, irgendwo damit in Berührung kam oder kommen wird. Abgesehen davon, dass es niemandem recht sein darf, ungefragt mit irgendwelchen Botschaften infiltriert zu werden, ist das Gefährliche an der Sache, dass es bis heute keine erschwinglichen technischen Möglichkeiten gibt, solche subliminal messages auf Musikbändern aufzuspüren. Die Verwendung unterschwelliger Botschaften auf Musikbändern zur Berieselung von Shopping-Center-Kunden, Spitalpatienten und der Belegschaft von Firmen scheint weit verbreitet zu sein. Die Firma Gantec liefert Musikteppiche aller Art. Manche Firmen lassen laut Rainer Patzlaff *„spezielle Klangteppiche synthetisieren, die man gar nicht mehr als Kompositionen bezeichnen kann, sondern eher als eine Art Klangschaum aus süßlich schwebender Langweiligkeit, in den das Bewusstsein derart rasch und gründlich hineinschläft, dass sich die*

Pforten des Unterbewusstseins optimal öffnen für die Appelle, die unter der Musik verborgen hereinfluten. "Dazu ein Zitat aus dem Werbeprospekt von Gantec: *„Diese neuartige Aufnahmetechnik verfolgt den Zweck, mit Hilfe eines geeigneten musikalischen Hintergrundes gewissermaßen eine Pipeline in das Unterbewusstsein zu legen, die den Hörer mit thematisch sinnvollen Stimuli versorgt."*

4.3.2 Moderne Manipulation

Moderne Manipulation versteht ihr Handwerk. Und je weniger sie erkannt wird, umso perfekter ist ihre Umgarnungsstrategie. Dennoch wissen oder fühlen die meisten Menschen, dass sie irgendwie beeinflusst und gesteuert werden. Wer Unterlegenheitsgefühle, mangelndes Selbstvertrauen oder Angst hat, lässt sich leichter täuschen, ist leicht manipulierbar. Manipulation von Menschen verfolgt Ziele und dient dazu, andere Menschen hinsichtlich ihres Verhaltens zu beeinflussen. Der Begriff der Manipulation ist heutzutage negativ besetzt. Wird ein positives Ergebnis angestrebt oder erreicht, handelt es sich um Kommunikation zur Überzeugung. Manipulation treibt ihr Spiel mit der Angst – nach dem gleichen Muster wie die Werbepsychologie -, nur geht es hier nicht um Konsumverhalten, sondern um geistig-moralische Wertvorstellungen, die dann in Lebensformen umgemünzt werden. Der Manipulator suggeriert zunächst Angstgefühle, schürt diese kräftig und weist dann einen Ausweg der erleichtert von den Opfern als Hilfe angenommen wird. Die Manipulation lebt vom Appell an das Gefühl. Ideologie ist immer emotional und suggestiv. Denn als Utopie hält sie der Realität nicht stand. Folglich muss sie sich in die Emotion flüchten, die ebenfalls zur Materialsammlung manipulativer Methoden zählt. Durch die Erzeugung eines „Wir-Gefühls", also der Herstellung von Uniformität und Konformität wird ein emotionalisierter Massenmensch geschaffen. Außenseiter ist, wer nicht mitmacht, er wird entweder überzeugt oder ausgestoßen. Doch nicht nur die

Medien und die öffentliche Meinung halten den Menschen im Griff, es ist auch die Macht von Hetze, Stress und Sorge, wie ein überfüllter Terminkalender, ein übertriebenes Leistungs- und Geltungsrecht, oder das dauernde „Mithalten-Wollen". Manipulation will letztlich Sucht erzeugen. Der Manipulator kann sich dann nämlich endlich schlafen legen, da er sein Ziel erreicht hat – der Manipulierte dreht sich selbständig im Teufelskreis -. Beim neurolinguistischen Programmieren, wird auch die These vertreten, dass Menschen bereits einander manipulierten, sobald sie miteinander kommunizieren.

4.3.3 Die Manipulation durch das Fernsehen

Im Jahre 1939 wurde das Fernsehen in die Welt gebracht, das bis zum heutigen Tag einen immer größeren Einfluss auf das Bewusstsein der Menschen ausübt. „Die Welt von morgen" war der Titel der Weltausstellung von New York, deren Eröffnungsfeier die allererste in den USA übertragene TV-Sendung gewidmet war. Tagelang standen Tausende von Menschen Schlange vor den wenigen Fernsehkästen, um die Demonstrationen des neuen Wundergerätes zu sehen Es war nur zu offensichtlich: Die Hypnose der Menschheit durch das Fernsehen hatte begonnen. Rainer Patzlaff, Autor des Buches „Medienmagie - oder die Herrschaft über die Sinne" glaubt, dass Fernsehen unsere Imaginationskraft pervertiert. Die TV-Realität findet also nicht auf dem Bildschirm statt, sondern erst auf der Netzhaut unseres Auges. Erst dort würden wir aus der halben Million Bildpunkte, die mit 1/50 Sekunde Geschwindigkeit auf dem Bildschirm aufleuchten, ein zusammenhängendes Bild komponieren.

„Das Fernsehbild ist also, genau genommen, gar nicht mehr ein äußeres Bild, das im Sinnesraum anzutreffen ist, sondern führt schon herüber in einen inneren Raum, den jeder in sich selbst trägt; es bewegt sich an der Grenze des Raumes und stellt somit unausgesprochen eine Art Schwellenerlebnis dar, wenn auch nur auf physischer Ebene." Patzlaff fährt fort: *„Wonach die Menschen sich im Tiefsten sehnen, und was sie eigentlich mit den Augen des Geistes in ihrer Seele erleben möchten, das schießt ihnen der Kathodenstrahl ins sinnliche Auge, und sie bemerken gar nicht, dass ihr berechtigtes, für die Weiterentwicklung der Kultur so notwendiges Streben nach Wahr-*

bildern auf raffinierte Weise getäuscht, ja pervertiert wird. Echte Imaginationen entstehen durch gesteigerte Aktivität eines sich selbst erziehenden Ich, Fernsehbilder empfängt man in totaler Passivität. Echte Imaginationen offenbaren höhere, übersinnliche Welten, Fernsehbilder ketten das Bewusstsein an die materielle Welt. Die Seele glaubt sich ernährt und wird mit einer Pseudonahrung betrogen."

Damit nicht genug. Vor dem monoton flackernden Bildschirm schaltet der Organismus auf Entspannung der Ziliarmuskeln, so dass die Augachsen sich nicht mehr kreuzen und trotz wachem Bewusstsein körperlich ein schlafähnlicher Zustand eintritt. Dieser zeigt sich auch im EEG an der drastischen Reduzierung der Gehirnstromtätigkeit. Milliarden von Menschen lassen sich allabendlich freiwillig paralysieren und ihrer Imaginationskraft schleichend, doch sicher berauben. Eine ganze Flut von Studien weisen nach, dass Augenbewegungen und Denken unmittelbar zusammenhängen. Bewegen sich die Augen nicht, sind die Denkfunktionen herabgesetzt. Der Emery-Report (Fred und Merrely Emery, „A Choice of Futures: To Enlighten or to Inform?", Canberra 1975) stellte fest, dass bereits „das fortwährende Fixieren des Fernsehzuschauers keine Aufmerksamkeit ist, sondern ein Zustand, der dem Tagträumen oder dem Abwesendsein verwandt ist." Der Zuschauer schließt forciert die Nervenleitungen zwischen den visuellen Bildern und dem autonomen Nervensystem ab, die sonst Bewegung und Aufmerksamkeit stimulieren würden. Auch die Verbindung zwischen rechter und linker Gehirnhälfte ist unterbrochen. Verständnis, Erkenntnis und analytisches Denken sind blockiert, während der Tagtraum weitergeht. Die Information dringt ein und wird ohne Verarbeitungsprozess durch die Seele des Menschen robotergleich gespeichert.

Der deutsche Medienforscher Jo Groebel zählte in einer TV-Woche 2745 Gewaltszenen. Aneinandergereiht sind das 25 Stunden pure Gewalt. Ein amerikanischer Jugendlicher, so wurde ermittelt, hat mit 16 Jahren bereits 16000 Morde medial intus. Soviel tun wir uns freiwillig an - mit Effekten, wie wir sie uns nicht wirklich wünschen können: Zunehmende Ängste, zunehmende Gewaltbereitschaft, zunehmende Gefühle von Ohnmacht und Depression, abnehmende sexuelle Lust und die Sucht nach immer mehr, immer verrückteren Bildern.

Der verstorbene Forscher Erich Körbler machte zudem eine Entdeckung, die er „ungeheuerlich" nannte: „Gleichzeitig mit der sichtbaren Handlung eines harmlosen Fernsehspiels könnte unsichtbar, aber auf den Organismus des Zuschauers sehr wirksam, die Übertragung der homöopathischen Information einer Krebskrankheit erfolgen!" Körbler ermittelte in Tests dass, wenn der TV-Kommentator eine auf dem Bildausschnitt nicht sichtbare Zigarette in der Hand hält, augenblicklich unsere Immunabwehr geschwächt wird. Hält der TV-Moderator einen Apfel für uns nicht sichtbar in Händen, werden wir nicht beeinträchtigt. Dies ermittelte er mit dem kinesiologischen Arm-Test, wo die Versuchsperson ihre ganze Kraft aufwendet, gegen Druck ihren ausgestreckten Arm oben zu behalten. Ist das, was sie über den Sehnerv in den Körper aufnimmt, schwächend, gelingt es ihr trotz der Aufbietung aller Kräfte nicht, dem zugefügten Druck standzuhalten. „Es kommt aber noch ärger", äußerte

Körbler in einem Artikel in „Raum und Zeit 1992". „Bei weiteren Tests verzichtete ich darauf, in der linken Hand etwas zu halten. Ich dachte mit lächelndem Gesicht nur an ein Wort, das für mich eine negative Bedeutung hat. Die Wirkung war die gleiche. Bei allen Seminarteilnehmern, die vor dem Bildschirm saßen, war die Immunkraft herabgesetzt. Ich konnte also auch mit meinen Gedanken den körperlichen Zustand der Fernsehzuschauer via Bildschirm beeinträchtigen!" Man bedenke, welchen Manipulationstechniken diese Erkenntnisse Tür und Tor öffnen. Die zahllosen „Subliminalmedien"[11] beweisen ebenfalls die Wirkung unterschwelliger Mitteilungen, die zwecks dem schnelleren lernen von Fremdsprachen oder zur besseren Lebensbewältigung verkauft werden. Das wissenschaftliche Fundament legte der bulgarische Arzt und Psychotherapeut Georgi Lozanov, der in den 60er Jahren herausfand, dass die menschliche Lernfähigkeit wesentlich gesteigert werden kann, wenn man während des Lernens körperlich und seelisch vollkommen entspannt ist, rhythmisch atmet, sich mit angenehmen Vorstellungen beschäftigt und eine passende Hintergrundmusik hört. Fernsehen entspannt bis zur Tagträumerei. Der Zuschauer ist in einer sehr empfänglichen Gemütslage.

---

[11] Kassetten, Tonbandträger oder DVD`s die während dem Hören das Unterbewusstsein positiv beeinflussen sollen, indem die Gehirnstromaktivität in einen aufnahmebereiten hypnotischen Zustand versetzt wird.

4.3.4 Ängste: Die Eintrittspforte für Manipulation

Kaum etwas beeinflusst unser Handeln so stark wie Ängste. Manche versuchen, ihre Ängste zu verdrängen und suchen Ablenkung. Andere wollen ihre Angst besiegen und betreiben Extremsportarten. Wiederum andere versuchen sich abzusichern, indem sie die gefährlichen Bakterien mit extremer Hygiene bekämpfen oder sich gegen alles versichern. Der Manipulator kann dieses Wissen ganz unterschiedlich nutzen, indem er vorhandene Ängste nutzt oder neue schafft. Die Kirchen erfanden z.B. die Angst vor der ewigen Verdammnis, der Hölle oder dem Fegefeuer. Weiterhin nutzt die Kirche diese Angst aus, indem sie die Befolgung ihrer Ziele als Schutz vor dieser Gefahr darstellt. Ein ganz aktuelles Beispiel für den Spätsommer 2009 ist die Schweinegrippe, vor der fast täglich in den Medien gewarnt wird, und die, wie vor einigen Jahren die Vogelgrippe zu einer „Pandemie" werden soll, wo Millionen Menschen dran sterben sollen, so wie es bei der Vogelgrippe hätte geschehen sollen. Da dies nicht eintraf, geriet das ganze Szenario nach Abklingen der Panikmache in den Medien wieder in Vergessenheit. Spiegel Online interviewte den Epdemiologen Thomas Jefferson, für den die Schweinegrippe eine gefährliche Panikmache darstellt. „Eine der besonderen Eigenschaften dieser Grippe – und der ganzen Grippe-Saga – ist, dass es Leute gibt die Jahr für Jahr Vorhersagen machen und dabei immer schlechter und schlechter werden. Bis jetzt ist keine davon eingetreten und diese Leute machen weiterhin solche Vorhersagen. Was geschah zum Beispiel mit der

Vogelgrippe die uns alle töten sollte? Nichts. Aber das hielt diese Leute nicht davon ab, weiterhin ihre Vorhersagen zu machen. Manchmal bekommt man das Gefühl, dass es eine ganze Industrie gibt die nur darauf wartet dass es zu einer Pandemie kommt." Jefferson stellt fest, dass Pharmaunternehmen eine Maschinerie um die drohende Pandemie aufgebaut haben und bereits davon finanziell profitieren. „Und dabei geht es um sehr viel Geld, um Einfluss, um Karrieren und um ganze Institutionen! Alles was nötig war um die Maschinerie zum laufen zu bringen war ein mutierter Grippevirus." Weiter heißt es in dem Artikel: „Analytiker gehen davon aus, dass nach den Berichten der Unternehmen GlaxoSmithKline, Roche und Sanofi-Aventis für das erste Halbjahr sich ein Anstieg bei den Verkäufen zeigen wird, die durch Regierungsverträge für Grippe- Angst haben sollten, nur um davon zu profitieren. Jefferson fragt: „Finden sie es nicht merkwürdig, dass die WHO ihre Definition von Pandemie geändert hat? Die alte Definition war ein Virus der sich schnell ausbreitet, gegen den man keine Immunität besitzt und der eine hohe Krankheits- und Sterblichkeitsrate verursacht. Nun wurden die letzten beiden Punkte entfernt und deshalb wird die Schweinegrippe als Pandemie kategorisiert." Hier liegt das große Geld der pharmazeutischen Industrie vergraben. „Die Bedeutung der Grippe wird völlig überschätzt. Es geht dabei um Forschungsgelder, Macht, Einfluss und wissenschaftliche Anerkennung," sagt Jefferson und fügt hinzu, dass Medikamente wie Tamiflu außerdem in Zusammenhang gebracht werden mit *„psychotischen Reaktionen wie sie auch bei Schizophrenie beobachtet werden."*

4.3.5 Das Prinzip der sozialen Bewährtheit

Das Prinzip der sozialen Bewährtheit besagt, dass sich Leute, um zu entscheiden, was sie in einer gegebenen Situation glauben oder tun sollen, anschauen, was andere Menschen in der Situation glauben oder tun. Starke Nachahmungseffekte konnten sowohl bei Kindern, wie auch bei Erwachsenen beobachtet werden, wie etwa bei Kaufentscheidungen, Spendenfreudigkeit, Heilung von Phobien usw. Das Prinzip der sozialen Bewährtheit kann eingesetzt werden, um eine Person gefügig zu machen, indem sie die Information erhält, dass viele andere Personen bereits getan haben, was man von ihr erwartet. Besonders bei zwei Bedingungen, erstens der Unsicherheit und zweitens der Ähnlichkeit, ist das Prinzip der sozialen Bewährtheit besonders erfolgreich. Unsicherheit ist besonders bei mehrdeutigen Situationen zu beobachten, z.B. wenn Zeugen helfend eingreifen sollten, aber noch viele andere Zeugen anwesend sind, fällt auf, dass weniger Menschen eingreifen, als wenn z.B. nur wenige Zeugen oder ein Einziger anwesend ist. Wir gehen davon aus, dass viele Leute die dasselbe tun etwas wissen müssen, was wir nicht wissen. In Singapur gab es vor einigen Jahren einen Busstreik, der direkt vor einer örtlichen Bank stattfand und sich zu einer zunächst unerklärbaren Hysterie entwickelte, da sich plötzlich immer mehr Menschen ihr Guthaben auf der Bank auszahlen ließen. Sie gingen davon aus, dass der Menschenauflauf sich gebildet hatte, weil angesichts eines vermeintlichen Bankenzusammenbruchs

Menschen ihr letztes Guthaben retten wollen. Dies sahen immer mehr Passanten und stellten sich rasch mit an um es den anderen gleich zu tun. Kurz nachdem die Bank geöffnet hatte musste sie schon wieder schließen, um einen völligen Crash zu vermeiden (News 1988, in: Cialdini 2009). Dieses Beispiel zeigt, dass man sich nie völlig auf das Prinzip der sozialen Bewährtheit verlassen sollte, und sein enormes Vertrauen in das kollektive Wissen der Menge von Zeit zu Zeit mit objektiven Fakten und dem eigenen ungetrübten Urteilsvermögen vergleichen. Der zweite Faktor ist die Ähnlichkeit. Leute sind eher bereit etwas für andere zu tun, wenn diese so sind wie sie selber – oftmals ohne sich dessen bewusst zu sein. Vertrautheit und Sympathie sind ebenfalls Faktoren die Einfluss haben. Über Assoziation, d.h. der Herstellung einer Verbindung zwischen sich selbst, oder dem Produkt und einer positiven Sache, wie etwa einem guten Essen kann Sympathie entstehen und wachsen. Bspw. lässt sich Pawlows klassisches Experiment (Hund speichelt als typische Reaktion auf Nahung, Nahrung wird in Zusammenhang mit einem Klingeln gegeben, woraufhin der Hund später alleine durch das Klingeln zum Speichelfluss angeregt wird) leicht auf die Imbisstechnik von Razran übertragen, die besagt, dass eine normale Reaktion auf Nahrung durch den bloßen Prozess der Assoziierung auf etwas anderes übertragen werden kann. Daraus lässt sich schließen, dass neben Essen auch andere positive Reize benutzt werden können, um durch künstlich geschaffene Verbindungen mit ihnen Einstellungen, Produkte und Personen aufzuwerten.

4.3.6 Gegenmaßnahmen für Manipulation

Wenn man betrachtet, wie umfangreich die Möglichkeiten sind, die den Mächtigen bei der Manipulation zur Verfügung stehen, kann man eigentlich verzweifeln. Es sieht so aus, dass der Normalbürger fast keine Möglichkeit hat, sich dagegen wirksam zu wehren. Es ist zwar möglich, eine Manipulation im Einzelfall zu erkennen, doch eine Chance, den Tausenden Manipulationen zu widerstehen, den wir täglich ausgesetzt sind, gibt es kaum. Ich versuche hiermit dennoch einen Anfang. Das wichtigste Werkzeug bei der Erkennung von Manipulationen ist die Sensibilisierung. Wenn man weiß, welche Möglichkeiten der Manipulator hat, wird man diese Methoden schneller erkennen, falls man auf sie stößt. Sehr wichtig ist auch das Erreichen von echtem Wissen. Je mehr man wirklich weiß, umso schwerer hat es der Manipulator, wenn er einen belügen will. Dieses Wissen aufzubauen, ist jedoch für den Einzelnen sehr anstrengend und für alle Lebensbereiche wohl kaum durchführbar. Dieser Wissenserwerb wird auch durch viele Scheinwahrheiten erschwert. Für den Suchenden ist es dabei nützlich, Selbstverständliches in Frage zu stellen, genau wie ein Kind immer wieder "Warum?" zu fragen. Viele Selbstverständlichkeiten lösen sich in Nichts auf oder werden absurd, wenn man versucht sie zu ergründen. Eine Hilfe hierbei ist der zeitliche und kulturelle Vergleich. Dadurch kann man erkennen, dass manches auch ganz anders sein könnte bzw. zu einer anderen Zeit oder in einer anderen Kultur auch ganz anders war bzw. ist. Viele Manipulationen erkennen wir gerade dadurch nicht, weil sie uns als selbstverständlich erscheinen. Eine Methode, Selbstverständliches in Frage zu stellen, kann man von Kindern lernen, die manchmal die Erwachsenen nerven, indem sie wiederholt "Warum?" fragen und jede Antwort mit einem erneuten "Warum?" wieder in Frage stellen. Statt "Warum?" kann man natürlich auch fragen:

Was nützt es mir oder anderen, wenn ich etwas tue?

Weshalb bin ich einer bestimmten Meinung?

Welche Alternativen gibt es zu einer selbstverständlichen Methode?

5 Ausblick

5.1 Negative Entwicklung

Die Mikroelektronik könnte in ein paar Jahren der Menschheit zu ihrem alten Traum der perfekten Realitätsflucht verhelfen. Schon heute spricht man beim Attraktivitätsverlust der Alltagswelt vom Eskapismus. Unsere Wahrnehmung scheint durch klassischerweise idealisierte Virtual-Reality Darstellungen zunehmend zu desensibilisieren. Eine beliebige Abrufbarkeit führt gerade bei Kindern zu Sprachverarmung, da die VR immer weniger auf persönlichen Erfahrungen beruht. Die Potenzierung von Manipulations- und Überwachungsmöglichkeiten und die immer zunehmende dauerhafte Verbindung der Menschen mit elektronischen Geräten lassen Begriffe wie Person und Identität verschwinden. Ein ethischer Konflikt scheint auf uns zuzurollen, dessen Ausmaß gegenwärtige Debatten über Stammzellen und Gentechnik blass erscheinen lässt.

Angenommen der Großteil der Menschen ließe sich in zunehmendem Maße negativ manipulieren und würde somit der Realität durch ein ganz langsames, geistiges, seelisches u. materielles Vergiften des menschlichen Lebens auf allen Ebenen entfliehen, würden Worte wie emotionale Intelligenz, Menschlichkeit, Mitgefühl, Identität und Persönlichkeit bald nur noch inhaltslose Phrasen darstellen. Vermehrte Einnahme von Giften in Nahrungsmitteln, sowie gezielte Angriffe auf den Intellekt der Menschenmassen würden ihr übriges dazu beitragen. Niveaulose Erziehungsmethoden und die Überhäufung der Gesellschaft mit brutalen Sex-themen, Gewaltszenen, Kriegsfilmen, die Verfälschung geschichtlicher Verläufe und die Verwirrung durch die Medien und Politiker würden letztendlich den gewissen- und gedankenlosen, unmündigen und phanta-sielosen Menschen von morgen hervorbringen. Wenn Aggression, Frust, Überlegenheits- und Konkurrenzdenken, sowie die niederen Instinkte im Menschen mangels fehlender Qualitäten von emotionaler und sozialer Kompetenz zu einem immer größeren Problem werden, würde das letzt-endlich zur Ausrottung der eigenen Rasse führen. In einer Gesellschaft in der es keine Emotionen und Gefühle gäbe, würde wie in dieser Arbeit ausführlich erörtert wurde innerhalb kürzester Zeit das soziale Leben aufhören. Angenommen immer mehr Menschen haben keinen Bezug mehr zu ihren Gefühlen und Emotionen bedeute dies unweigerlich die Auslöschung der menschlichen Rasse, durch entweder Selbstzerstörung, totaler Vernachlässigung oder Kampf und Gewalt, d.h. der Ausbruch eines Krieges, der mit dem zünden einer Atombombe zu einem schnellen Ende führen würde. Soweit muss es aber nicht kommen, denn es gibt auch noch eine…

5.2 Positive Entwicklung

Wenn immer mehr Menschen zur Erkenntnis gelangen, dass die Welt ein Phänomen ist, das wir in unserem Inneren erschaffen, sich wieder auf sich selbst besinnen, auf ihre inneren Werte, zur Ruhe kommen und erkennen wie wertvoll Gedanken, Gefühle und ein liebevolles zwischenmenschliches Miteinander sind, steht einer positiven Entwicklung der zukünftigen Menschheitsgeschichte nichts im Wege. Wie Giacomo Rizzolatti und seine durch die Entdeckung der Spiegelneuronen bekannte Forschergruppe aus Parma entdeckten, sind persönliche Beziehungen Voraussetzung für menschliches Erleben und Lernen. Zwischenmenschliche Beziehungen sind das Medium, in dem sich nicht nur unser seelisches Erleben bewegt, sondern in dem sich auch unsere Gesundheit bewahren lässt. Denn überall dort, wo zwischenmenschliche Beziehungen quantitativ und qualitativ abnehmen, nehmen Gesundheitsstörungen zu (Bauer 2004). Aus diesem Grunde ist es für eine positive Entwicklung unabdingbar, dass mehr zwischenmenschlicher Kontakt bei der Erziehung, in der Schule, bei der Arbeit, in der Familie und bei Freizeitaktivitäten zustande kommt. Anstatt dessen Reduzierung durch mediale Technik und virtuelle Welten voranzutreiben. Die Eindrücke, die uns unsere Sinne übermitteln, verarbeiten wir mit unserem Denken und mit unseren Emotionen – so erschaffen wir das, was jede und jeder von uns als „die Welt" erlebt. Die Qualität unserer „persönlichen Welt" hängt von unserer Fähigkeit ab, mit den einströmenden Daten umzugehen und sie zu nutzen: Je besser die Datenverarbeitungsebene des Körpers funktioniert, und je weniger Fremdbeeinflussung und Manipulation stattfindet, desto genauer kann man die Welt verstehen. Wie das funktioniert? Am einfachsten über die Fähigkeit des psychischen Selbstmanagements, das daraus besteht die Voraussetzung für Intelligenz zu erhöhen und persönliche Schwachpunkte ausgleichen (EQ-Training, Beeinflussung und Manipulation erkennen, Medien kritischer wahrnehmen), menschliche Prozesse verstehen, persönlichen Stress erkennen (zu wenig Kontakt zu anderen Menschen, zu wenig Zeit für die wirklich wichtigen Dinge im Leben, zu viel Stress im Berufsleben, ungesunde Nahrung, wenig Bewegung, krankmachende Medikamente, und Medieneinflüsse die Geist und Seele vergiften) rausfiltern. Wenn jeder erkennen würde, dass das Herz der Sitz der eigentlichen Intelligenz, Weisheit, Mut und Intuition ist, könnte die Welt gar ein wunderbarer Ort werden mit menschlichen Qualitäten, Kreativität und Effektivität.

6 Und zum Schluss...ein persönliches Fazit

Abschließend kann man also sagen, dass die Medien einen bedeutenden und überaus mächtigen Platz in unserer Gesellschaft, ja sogar in jedem Individuum haben. Menschen sind leicht beeinflussbar, wie in dieser Arbeit mehrfach aufgezeigt wurde und auch schon viele Andere bewiesen haben.

Man kann sich nun fragen in wie weit dieser Einfluss gut ist. Wird einem durch die ständig vorgegebenen Meinungen und Trends der freie Wille geraubt? Ist Schweigen die beste Lösung um nicht ausgestoßen zu werden? Sollte man Menschen endlich wachrütteln ihre eigene Meinung fest zu vertreten? Haben die Menschen durch die ständige Medienpräsenz überhaupt noch eine eigene Meinung? Möchten sie sich überhaupt noch Gedanken machen?

Ich persönlich denke, dass der Machtfaktor der Medien nicht zu bestreiten ist, was gerade aktuell und tagtäglich auf uns einprasselt: Schweinegrippe, Terrorismus, Finanzkrise usw., grenzt schon fast an Psychoterror. Wer kontrollieren und profitieren will, der muss Angst verbreiten. Und sich aus der Haftung halten. Jeder Bürger sollte wie bereits erwähnt unbedingt kritischer mit Informationen umgehen lernen und seine eigene Realität schaffen, bzw. sich wieder mehr um seinen Alltag, die Familie, den Beruf, die persönlichen Interessen usw. kümmern. Als Kollektiv wäre es schön, wenn nach einem großen Umdenken, von immer mehr Menschen eine Welt geschaffen würde, in der die Liebe und nicht die

Angst regiert. Das folgende Schlusszitat beschreibt eine Vision einer Welt, die in einigen Jahren Realität werden könnte, sofern die Menschen wieder bewusst ihr Leben in die Hand nehmen, Herzintelligenz ausbilden, und ihr größtes Potential sinnvoll einsetzen, nämlich die Fähigkeit bewusst Gedanken und Gefühle zu entwickeln und damit die eigene Realität erschaffen, anstatt sich an Befriedigungen zu klammern, die gar keine sind.

Eine

Neue Welt.

Eine Welt...in Harmonie.

Eine Welt...geborgen in Weisheit.

Eine Welt...in der Gnade vor Recht ergeht.

Eine Welt...in der Völker regieren, nicht Stars.

Eine Welt...in der Raupen zu Schmetterlingen werden.

Eine Welt...in der liebevoll miteinander umgegangen wird.

Eine Welt...in der Köpfe und Hände ein Paradies erschaffen.

Eine Welt...in der Ängste bereits in den Schulen unbekannt sind.

Eine Welt...in der die Städte inmitten von Parks liegen, weil die Natur aufatmet.

Eine Welt...in der Kunst, Kultur, Handwerk und Kreativität im Mittelpunkt stehen.

Eine Welt...in der Hilfsbereitschaft, Vorbild, Ehre, Talent, Alter wieder geschätzt sind.

Eine Welt...in der nicht mehr zum Geld aufgeschaut wird, sondern zum Können.

Eine Welt...in der Geldmangel, Schulden und Finanzgewaltige verschwunden sind.

Eine Welt...in der alle Menschen in der eigenen Heimat reichlich Arbeit und Lohn finden.

Eine Welt... in der anstelle von Angst die Liebe regiert.

Literaturverzeichnis

- Ake Grun: Grundwissen Medien, Werner Faulstich (Hrsg.), Fink, Konstanz 2004.

- Alston William: Emotion und Gefühl, in: Gerd Kahle (Hg.): Logik des Herzens. Die soziale Dimension der Gefühle, Frankfurt (Main) 1981, S. 9-33.

- Bartz, Christina: Massen Medium Fernsehen: Die Semantik der Masse in der Medienbeschreibung, transcript, Bielefeld 2007.

- Bauer Joachim: Das Gedächtnis des Körpers - Wie Beziehungen und Lebensstile unsere Gene steuern. Piper, München 2004

- Bauer, Joachim: Warum ich fühle was du fühlst, intuitive Kommunikation und das geheimnis der Spiegelneurone, Hoffmann und Campe, Hamburg 2005.

- Benthien, Claudia: Emotionalität. Zur Geschichte der Gefühle, Köln, Weimar, Wien 2000, S. 198-212.

- Bergler, Reinhold & Six, Ulrike: Psychologie des Fernsehens: Wirkungsmodelle und Wirkungseffekte unter besonderer Berücksichtigung auf Kinder und Jugendliche, Hans Huber, Bern Stuttgart Wien 1979.

- Bliersbach, Gerhard: Schön, daß Sie hier sind! Die heimlichen Botschaften der TV-Unterhaltung. Beltz, Weinheim 1990

- Brendl, Erich: Clever manipulieren. Die Kunst, sich geschickt und erfolgreich durchzusetzen. 2. Auflage. Gabler, 2004

- Brygant, J. A. (Eds.): Television and the American family. Mahwah, N.J.:Lawrence Erlbaum Ass., 2001

- Buddemeier, Heinz: Illusion und Manipulation: Wirkung von Film und Fernsehen auf Individuum und Gesellschaft, Stuttgart 1987.

- Cialdini, Robert B.: Die Psychologie des Überzeugens. 5. Auflage. Verlag Hans Huber, 2007

- C. G. Jung: Grundwerk, Band 2, Archetyp und Unbewusstes, 1990.

- C. G. Jung: Taschenbuchausgabe in elf Bänden, Band 5, Synchronizität, Akausalität und Okkultismus, 2001.

- Calvert, S., Jordan, A.B., Cooking, R.R. (Eds.): Children in the digital age: The role of entertainment technologies in children`s development, Praeger, New York 2002.

- Childre, Doc & Cryer, Bruce: Vom Chaos zur Kohärenz: Herzintelligenz in Unternehmen, VAK, Kirchzarten 2000.

- Cialdini, Robert B.: Die Psychologie des Überzeugens, Huber, Bern 2009.

- Christakis, D.A., Zimmermann, F.J., Di Guiseppe, D.L., McCarty: Early television Exposure and subsequent attentional problems in children. Pediatrics, C.A. 2004, S. 708-713.

- Damasio, A.: Ich fühle, also bin ich. Die Entschlüsselung des Bewusstseins, München, List 2001.

- Damasio, A.: Der Spinoza-Effekt: Wie Gefühle unser Leben bestimmen, List, Berlin 2005.

- Damasio, Antonio R.: The Feeling of What Happens: Body and Emotion in the Making of Consciousness, San Diego, New York, London 2000.

- Dawkins, R.: Das egoistische Gen. Reinbek 1996.

- Davidson, R., Jackson, D.C., Kalin, N.: Emotion, Plasticity, Context and Regulation: Perspectives from Affective Neuroscience. Psychological Bulletin, 2000, 126 (6), 890-909.

- DeFleur & Ball-Rokesch 1982

- Delgado, J.M.: Physical Control of the Mind: Toward a Psychocivilised Society. 1969

- deSousa, Ronald: The Rationality of Emotion, Cambridge 1995.

- Dillinger, Johannes: Terrorismus: Wissen was stimmt, Herder (Bd. 5866), Freiburg 2008.

- Donohew, L.A. / Tipton, L.: A Conceptual Model of Information Seeking, Avoiding and Processing. In: Clarke, P. (Hrsg.): New Models for Communication Research. Beverly Hills 1973. (S. 243-268).

- Eisenhauer, Hans Robert & Hübner, Heinz-Werner (Hrsg.): Fernseh-Kritik, Gewalt in der Welt – Gewalt im Fernsehen, Hase & Kohler, Mainz 1988, S. 9-29.

- Elhardt, Siegfried: Tiefenpsychologie: Eine Einführung (Bd. 136), Kohlhammer, Stuttgart Berlin Köln 1994.

- Erickson, Milton, Rossi, Ernest L. & Sheila L.: Hypnose, München 1978.

- Euler / Mandl (Hg.): Emotionspsychologie: Ein Handbuch in Schlüsselbegriffen, Urban & Schwarzenberg, München Wien Baltimore 1983.

- Festinger, L.: A Theory of Cognitive Dissonance. Evanstion 1957.

- Frank, M. J., Seeberger, L. C., O`Reilly, R.C. (2004): By carrot or by stick: cognitive reinforcement learning in parkinsonism, Science 306, 1940-1943.

- Frijda, Nico H. (Hg.): Emotions and beliefs: how feelings influence thoughts. Cambridge 2000.

- Früh, W. & Schönbach, K.: Der Dynamisch-Transaktionale Ansatz II: Konsequenzen, München Zürich 1980.

- Früh, W.: Realitätsvermittlung durch Massenmedien. Die permanente Transformation der Wirklichkeit, Opladen 1994.

- Gergen, Kenneth & Mary M.: Social Psychology, Springer-Verlag, New York, 1986

- Gerhard Roth: Fühlen, Denken, Handeln - Wie das Gehirn unser Verhalten steuert. Suhrkamp, Frankfurt 2003.

- Gigerenzer, Gerd: Bauchentscheidungen, Goldmann 2008.

- Grof, Stanislav: Kosmos und Psyche. An den Grenzen menschlichen Bewusstsein, Kösel, Frankfurt am Main 1997.

- Goleman, Daniel: Emotionale Intelligenz, Carl Hanser, München Wien 1986.

125

- Goleman, Daniel: Emotional Intelligence. Why it can matter more than IQ, New York: Bantam Books, 1995

- Goleman Daniel: Emotionale Intelligenz, 2001

- Gottberg von, Joachim (Hg.): Mattscheibe oder Bildschirm - Ästhetik des Fernsehens, Berlin 1999.

- Greene, Robert: Power. Die 48 Gesetze der Macht. dtv, 2001

- Grof, Stanislav & Bennett, Hal Zina: Die Welt der Psyche: Die Neuen Erkenntnisse der Bewusstseinsforschung, Rowohlt, Hamburg 1997.

- Grötzebach, Claudia: Vorsicht! Manipulation. Cornelson Verlag, Berlin 2007

- Hahne, Peter: Die Macht der Manipulation: Über Menschen, Medien und Meinungsmacher, Hänssler, Stuttgart 1986.

- Harro Albrecht, Cornelia Stolze: Fehlalarm im Mandelkern. In: Die Zeit, 29. Dezember 2005 Nr. 1

- Herbert, Nick: Quantenrealität. Goldmann, München 1985.

- Hirigoyen, M.F.: Die Masken der Niedertracht. Seelische Gewalt im Alltag und wie man sich dagegen wehren kann, C.H. Beck, München 1999.

- Hovland, C. & Janis, I.L. & Kelley, H.H.: Communication and persuasion. New Haven, London 1953.

- Hülshoff, T.: Emotionen, München, Basel 2001 (2. Aufl.), S. 14.

- Hüther, Gerald: Bedienungsanleitung für ein menschliches Gehirn, Vandenhoeck & Ruprecht, Göttingen 2005.

- Hüther, Gerald: Biologie der Angst – Wie aus Stress Gefühle werden, GU, München 2008.

- Huttenlocher, P.R., Dabholkar, A. S.: Regional differences in human cerebral cortex, 1997, S. 167-187.

- Izard, Carroll E.: Die Emotionen des Menschen: Eine Einführung in die Grundlagen der Emotionspsychologie, Beltz, Weinheim 1994.

- Jäckel, Michael: Medienwirkungen ein Studienbuch zur Einführung, VS, (4. Ausgabe) 2007.
- K. Merten: Wirkungen der Kommunikation. In: K. Merten/S.J. Schmidt/ S. Weischenberg (Hrsg.): Die Wirklichkeit der Medien. Opladen 1994, S. 291-328.
- Kast, Verena: Vom Sinn der Angst: Wie Ängste sich festsetzen und wie sie sich verwandeln lassen, HERDER spektrum, Freiburg Basel Wien 1996. (S. 12-27)
- Kempter, G. & Bente, G.: Psychophysiologische Wirkungsforschung. In R. Mangold, P. Vorderer & G.Bente (Hrsg.), Lehrbuch der Medienpsychologie, Göttingen 2004. (S. 271-295)
- Kierkegaard, Sören: Der Begriff Angst 1844, Reclam, Ditzingen, 1992, S. 57
- Kohler, I.: Wahrnehmung. In : R. Meili, H. Rohrbacher (Hrsg.), Lehrbuch der experimentellen Psychologie, Bern 1963, S. 53-102.
- König, Oliver: Macht in Gruppen: Gruppendynamische Prozesse und Interventionen, Pfeiffer, München 1996.
- Krause, Rainer: Allgemeine Psychoanalytische Krankheitslehre.Bd. 2: Modelle, Stuttgart, Berlin, Köln 1998, (S.28).
- Kriz, Jürgen: Grundkonzepte der Psychotherapie, Beltz, Weinheim 2007.
- Kunczik, Michael: Gewalt und Medien, Böhlau, Köln 1975.
- Joachim von Gottberg u.a. (Hg.): Mattscheibe oder Bildschirm - Ästhetik des Fernsehens, Berlin 1999.
- Lama, Dalai: Die Welt in einem einzigen Atom, Theseus, Berlin 2005, (S.51ff., S. 139ff, S.189ff).
- Lasn, Kalle: Culture Jam: The Uncooling of America, William Morrow & Company, 1. Ausgabe 1999.
- Lazarsfeld 1944
- LeBon, G.: Psychologie der Massen, Kröger 1982.

- LeDoux, Joseph: Das Netz der Gefühle. Wie Emotionen entstehen, Carl Hanser, Wien 1998.

- Liebermann, M.D. (2000). Intuition: A Social Cognitive Science Approach, Psychological Bulletin, 2000, 126 (6), S. 109-137

- Linke, Detlef: Das Gehirn – Schlüssel zur Unendlichkeit, München 2004

- Lüscher, K.: Medienwirkungen und Gesellschaftsentwicklung, in: Media Perspektiven 9/82, 1982, S. 545-555

- Luhmann, Niklas: Die Realität der Massenmedien, VS, Wiesbaden 2004.

- Maletzke, Gerhard: Kommunikationswissenschaft im Überblick: Grundlagen, Probleme, Perspektiven – Opladen; Westdeutscher, Wiesbaden 1998.

- Maletzke, Gerhard: Psychologie der Massenkommunikation, Hamburg, 1963.

- Mandel / Huber (Hg.): Emotion und Kognition, Urban & Schwarzenberg Psychologie, München Wien Baltimore 1983.

- Maturana, H.R. & Varela, F.J.: Der Baum der Erkenntnis. Die biologischen Wurzeln des menschlichen Erkennens. Bern/München 1987.

- Mayer, J.D., P. Salovey, et al.: Models of emotional intelligence: Handbook of Intelligence, R.J. Steinberg, Cambridge, Cambridge University Press: S. 396-420, 2000.

- McQuail, Denis; Windahl, Sven: Communication Models for the Study of MassCommunication, London, New York 1981.

- Merks, Karina: Genau hinsehen beim Fernsehen : Verantwortungsbewusste Medienerziehung, Verl. an der Ruhr, Mülheim an der Ruhr 2004.

- Merten, K.: Wirkungen der Kommunikation (Hrsg.): Die Wirklichkeit der Medien. Opladen 1994, (S. 291-328).

- Mesulam, M. M.: Principles of Behavioral Neurology, Philadelphia, F.A. Davis, 1985.

- Mohl, Alexa: Der große Zauberlehrling: Teil 1/2, das NLP Arbeitsbuch für Lernende und Anwender, Junfermann 2006.

- Moser, Heinz: Einführung in die Medienpädagogik : Aufwachsen im Medienzeitalter, Leske + Budrich, Opladen 2000.

- Moser, Heinz: Medienwirkungen. In: Publizistik 27, 1982, (S. 74-88).

- Murphy, Joseph: Die Macht Ihres Unterbewusstseins, Heinrich Hugendubel, München 1999. (S. 25-70)

- Myrtek, Michael: Fernsehen, Schule und Verhalten : Untersuchung zur emotionalen Beanspruchung von Schülern, Huber, Göttingen 2000.

- Neisser, U. (Hrsg.): Kognition und Wirklichkeit, Stuttgart 1979.

- Noelle-Neumann, E. (Hrsg.): Die Schweigespirale: Öffentliche Meinung – unsere soziale Haut. Betrachtung kultureller Verhaltensweisen. München 1984 (zuerst 1976).

- Noelle-Neumann, Elisabeth; Schulz, Winfried; Wilke, Jürgen (Hrsg.), Fischer-Lexikon: Publizistik, Massenkommunikation; Frankfurt a. Main 1994.

- Opitz, Christian: Abkürzung zur Freiheit: Die Entwicklung des menschlichen Gehirnpotentials, Hans-Nietsch, Freiburg 2001.

- Panksepp, Jaak: Affective neuroscience: the foundations of human and animal emotions, New York, Oxford 1998

- Panksepp, J., M. Siviy, et al.: Brain opiods and social emotions: The Psychobiology of Attachment and Separation. M. Reite und T. Field, Academic Press, New York 1985.

- Pawlow, I.P.: Die bedingten Reflexe, Kindler, München 1972.

- Piaget, J.: The Origins of Intelligence in Children. New York 1952.

- Pöppel, Ernst: Grenzen des Bewusstseins: Über Wirklichkeit und Welterfahrung, Deutsche Verlags-Anstalt Stuttgart, 1985.

- Reddy, William: The Navigation of Feeling. A Framework for the History of Emotions, Cambridge (Mass.) 2001.

- Rheinberg, Falko: Motivation, In: Grundriss der Psychologie (Bd.6), W. Kohlhammer, Stuttgart 2008.

- Riemann, Fritz: Grundformen der Angst, Ernst Reinhardt, München 1999.
- Rogge, Jan-Uwe: Kinder können Fernsehen, 3. Auflage, Rowohlt, 2005.
- Rosengreen, K.E.: Uses and Gratifications. A Paradigm outlined. In: Blumler, J. / Katz, F. (Hrsg.): The Uses of Mass Communication. Current Perspectives on Gratification Research. Beverly Hills 1974, (S. 269-286).
- Roth, Wolfgang: Einführung in die Psychologie C.G. Jungs, Patmos, Düsseldorf 2003.
- Rundfunk & Fernsehen 32, 1984, (S. 314-329).
- Scheich, H., Wallhäuser-Franke, E., Braun, K.: Does synaptic selection explain auditory imprinting? In: Squire, L.R./Weinberger, N.M./Lynch, G./Mc Gaugh, J.L. (Eds.): Memory: Organization and Locus of Change. New York, Oxford University Press, 1991, (S. 114-159).
- Schenk, M.: Medienwirkungsforschung. Tübingen 1987.
- Scherer, K. R.: Emotionsprozesse im Medienkontext: Forschungsillustrationen und Zukunftsperspektiven. Medienpsychologie (4), 1991, (S. 276-293).
- Schönbach, K.: Der Dynamisch-Transaktionale Ansatz. In: Schulz, W. (Hrsg.): Medienwirkungen. Einflüsse von Presse, Radio und Fernsehen auf Individuum und Gesellschaft. Weinheim 1992, (S. 103-133).
- Schwender, C.: Medien und Emotionen. Evolutionspsychologische Bausteine einer Medientheorie, Wiesbaden 2001.
- Servan-Schreiber, David, W.M. Perlstein, et al: Selective pharmacological activation of limbic structures in human volunteers: A position emission tomography study, Journal of Neuropsychiatry and clinical Neurosciences, Bd. 10, 1998, S. 148-159.
- Sörensen, Maren: Einführung in die Angstpsychologie, Dt. Studien-Verlag, Weinheim 1993
- Spanhel, Dieter: Medienerziehung : Erziehungs- und Bildungsaufgaben in der Mediengesellschaft, Klett-Cotta, Stuttgart 2006.

- Spitzer, Manfred: Vorsicht Bildschirm! Elektronische Medien, Gehirnentwicklung, Gesundheit und Gesellschaft, dtv, München 2007.
- Sturm, Hertha: Emotionale Wirkungen – das Medienspezifische von Hörfunk und Fernsehen. In: Fernsehen und Bildung, 1978, S. 162.
- Theunert, H. (1999). Medienkompetenz: Eine pädagogisch und altersspezifisch zu fassende Handlungsdimension. S. 50-59. München (kopaed)
- Theunert, Helga & Schorb, Bernd: „Mordsbilder": Kinder und Fernsehinformation: Eine Untersuchung zum Umgang mit realen Gewaltdarstellungen in Nachrichten und Reality-TV, Schriftenreihe HAM;13, ISTAS, Berlin 1995
- Todd, J. J., Marois, R.: Capacity limit of visual short-term memory in human posterior parietal cortex, 2004.
- Ulich, Dieter: Das Gefühl: Eine Einführung in die Emotionspsychologie, Psychologie Verlags Union, München 1989.
- Vaillant, G: Werdegänge. Erkenntnisse der Lebenslauf-Forschung. Reinbek bei Hamburg, Rowohlt, 1980.
- Verick, M. A. (Hrsg.): Das Medienmonopol: Gedankenkontrolle und Manipulation der Dunkelmächte, Rainer Bloch, 2006.
- Vitouch, Peter: Fernsehen und Angstbewältigung, Westdeutscher, Wiesbaden 2000.
- Watzlawick, P.: Wie wirklich ist die Wirklichkeit? Wahn, Täuschung, Verstehen. München 1976.
- Wehmer, G.M.: The effect of a stressfull movie on ratings of momentary mood, experienced anxiety, and plasma 17-hydroxycorticosterioid level in three psychiatric groups. Vanderbilt University 1966.
- Wiele, Johannes: Führungskunst und Manipulation. In: Führungspraxis und Führungskultur, Hrsg.: Lutz Becker, Johannes Ehrhardt, Walter Gora. Symposion, 2007

- Williams, Jessica: 50 Fakten, die die Welt verändern sollten, Goldmann, München 2006.

- Winterhoff-Spurk, Peter: Fernsehen: Fakten zur Medienwirkung, Hans Huber, Bern, Göttingen, Toronto, Seattle 2001.

- Winterhoff-Spurk, Peter: Medienpsychologie: Eine Einführung, Kohlhammer, Stuttgart Berlin Köln 1999.

- Winterhoff-Spurk: Kalte Herzen: Wie das Fernsehen unseren Charakter formt, Klett-Cotta, Stuttgart 2005.

- Wolinsky, Stefan mit Margaret O. Ryan: Die alltägliche Trance: Heilungsansätze in der Quantenpsychologie, Lüchow, Freiburg 1999.

- Yamasaki, H., K. S. La Bar, et al.: Dissociable prefrontal brain systems for attention and emotion, Proceedings of the national academy of science, Bd. 99 (17), S. 11447-11451, 2002.

- Zillmann, D.: Emotionspsychologische Grundlagen. In R. Mangold, P. Vorderer & G.Bente (Hrsg.), Lehrbuch der Medienpsychologie, Hogrefe, Göttingen 2004, S. 101-128.

- Zimbardo, Phillip : Psychologie, 4. Aufl., Springer Verlag, Berlin - Heidelberg - New York - Tokyo, 1983, S. 376